# 2023
# 中国黄金市场报告

中国黄金市场报告编委会 ◎ 编

中国金融出版社

责任编辑：黄海清
责任校对：李俊英
责任印制：程 颖

**图书在版编目（CIP）数据**

2023中国黄金市场报告/中国黄金市场报告编委会编. —北京：中国金融出版社，2023. 6
ISBN 978 - 7 - 5220 - 2023 - 5

Ⅰ. ①2… Ⅱ. ①中… Ⅲ. ①黄金市场—研究报告—中国—2023 Ⅳ. ①F832. 54

中国国家版本馆CIP数据核字（2023）第088600号

2023 中国黄金市场报告
2023 ZHONGGUO HUANGJIN SHICHANG BAOGAO

出版
发行 中国金融出版社

社址 北京市丰台区益泽路2号
市场开发部 （010）66024766，63805472，63439533（传真）
网 上 书 店 www.cfph.cn
（010）66024766，63372837（传真）
读者服务部 （010）66070833，62568380
邮编 100071
经销 新华书店
印刷 北京侨友印刷有限公司
装订 保利达印务有限公司
尺寸 210毫米×285毫米
印张 8
字数 190千
版次 2023年6月第1版
印次 2023年6月第1次印刷
定价 85.00元
ISBN 978 - 7 - 5220 - 2023 - 5

# 2023中国黄金市场报告

**编 委 会 成 员**

焦瑾璞　余文建　王振营　田向阳　卢　进　王凤海　荣艺华
白当伟　曾　辉　张　铭　王立新　张永涛　陈志君

**写 作 人 员**

**第一章　上海黄金交易所市场**

高琴棋　肖若洋　刘时佳　杨　婧　左　胜　赵舒扬　周　逸　谢国晨
朱　奕　周昀华　吴宇峰　胡均伟　刘　欣

**第二章　上海期货交易所市场**

陈　晔　鞠成鑫　赵　莹　冯翔宇

**第三章　商业银行黄金业务**

曾梓梁　刘　彦　李旭光　张一铮　李　霖　樊星星

**第四章　黄金供应与需求**

李　亮　刘艳红　赵冠楠　王衍平　许　蕾　井新奎　李　珅

**第五章　国际黄金市场概述**

Juan Carlos Artigas　Louise Street　Krishan Gopaul　贾舒畅

# 编写说明

2002年10月，经国务院批准、由中国人民银行组建的上海黄金交易所开始运行，开启了中国黄金市场化的历史进程。作为国民经济和金融市场的重要组成部分，我国的黄金产业和黄金市场均取得了长足的发展：从勘探冶炼到加工销售的黄金产业链不断拓展，场内、场外交易市场建设不断加强。

《中国黄金市场报告》始创于2008年，由上海黄金交易所牵头发起，中国人民银行上海总部、上海期货交易所、中国黄金协会、世界黄金协会五家单位共同参与编写，以内部出版物的形式向会员单位和有关的市场参与方发布。报告创办后取得了良好的业内反响。

随着近年来黄金市场的市场化、国际化进程深入推进，以及投资机构对黄金市场关注度的提高，银行、证券、基金等专业投资机构和市场研究机构等全面、系统地了解中国黄金市场的需求也变得更加强烈。因此，为更好地展示中国黄金产业和黄金市场发展的现状，更好地满足市场参与各方对黄金市场信息和交易数据的需求，《中国黄金市场报告》于2019年起开始面向全社会公开出版发行，每年对中国黄金市场进行全方位分析，给广大读者带来第一手的素材。

《2023中国黄金市场报告》共分五章，力图全景式、多角度地展示中国黄金市场产业及需求、场内与场外交易及投资情况，同时对标国际分析中国黄金市场的各项指标。其中第一章为“上海黄金交易所市场”，主要介绍上海黄金交易所前一年交易情况以及现货市场建设的成果。第二章为“上海期货交易所市场”，主要介绍上海期货交易所前一年黄金期货的交易情况以及期货市场建设情况。第三章为“商业银行黄金业务”，从宏观角度解析了商业银行黄金业务的特点和交易信息。第四章为“黄金供应与需求”，对国内黄金市场的供给需求、生产消费以及投资进口等数据进行了披露和分析。第五章为“国际黄金市场概述”，是对前一年全球黄金市场发展以及市场供给需求的总体介绍。

期待我们的努力能让您对中国黄金市场有更多的了解，并能让您有所收获。

# 目　录

# CONTENTS

# 第一章

# 上海黄金交易所市场

（上海黄金交易所提供）

2022年，上海黄金交易所（以下简称上金所）贯彻人民银行总行决策部署，做好市场监督管理，维护市场运行有序。全市场交易金额17.04万亿元。主要交易方式上，竞价业务成交金额5.30万亿元，询价业务成交金额11.11万亿元。交易品种上，黄金成交金额15.18万亿元，成交量3.88万吨；白银成交金额1.83万亿元，成交量38.32万吨；铂金成交金额261.31亿元，成交量124.37吨。上金所国际业务板块（以下简称国际板）成交金额2.09万亿元，其中竞价成交金额0.84万亿元，询价成交金额1.25万亿元。

## 一、市场运行交易情况

2022年，市场整体运行稳健，总交易规模有所下降，黄金、白银仍呈现分化态势，黄金国内外价差受汇率因素影响阶段性波动，总体平稳。

### （一）上金所市场交易情况

#### 1. 市场运行总体平稳，黄金品种主导性地位进一步突出

2022年，上金所全市场总成交金额17.04万亿元，黄金、白银和铂金占比分别为89.11%、10.74%和0.15%，其中黄金占比较2021年提高25.38个百分点。国际板成交金额2.09万亿元。

### 2. 国际金价"N"形震荡全年基本持平，国内金价受汇率影响小幅上涨

2022年末，国际现货黄金收于1 822.79美元/盎司，较2021年末下跌0.35%。受人民币汇率和国际金价共同影响，上金所黄金Au99.99收于410.49元/克，较2021年末上涨9.80%。白银Ag（T+D）收于5 337.00元/千克，较2021年末上涨11.68%。铂金Pt99.95收于245.52元/克，较2021年末上涨18.61%（见图1.1）。

图1.1 2022年国内外黄金价格走势

### 3. 黄金国内外价差受汇率因素影响阶段性波动，总体平稳

2022年全年，黄金国内外平均价差为2.51元/克，白银国内外平均价差为24.06元/千克，铂金国内外平均价差为9.68元/克。2022年8月下旬商业银行黄金进口放缓，市场平抑价差能力减弱，价差在9—10月最高达到10元/克；2022年末，价差逐步回落至3~4元/克正常水平（见图1.2）。

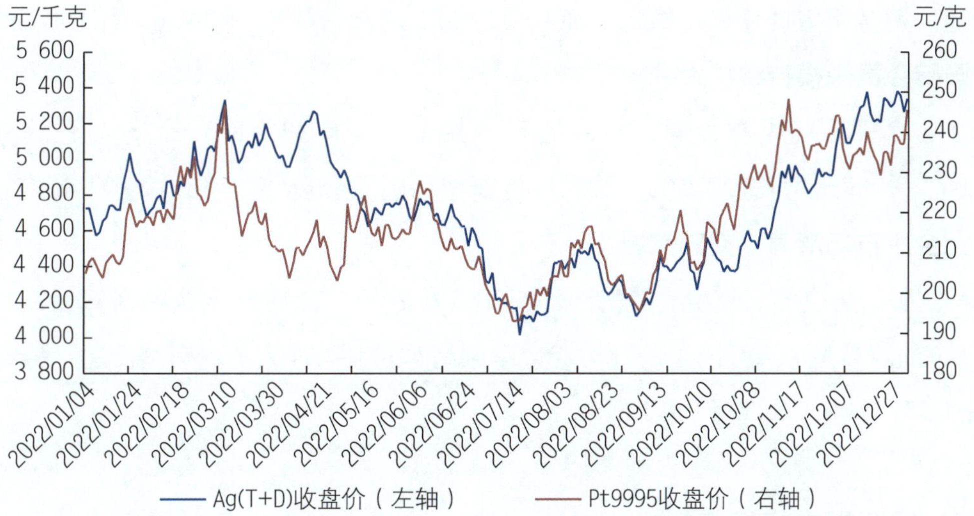


图1.2　2022年国内白银、铂金价格走势

## （二）上金所市场交易结构

2022年，机构业务市场占比不断增加，市场结构趋于平稳。同时，询价和定价交易总体呈现恢复性增长。

### 1．询价、定价市场增幅明显

竞价业务成交金额5.30万亿元，市场占比为31.11%。询价成交金额11.11万亿元，市场占比为65.21%。定价成交金额6 268.41亿元，市场占比为3.68%。

### 2．黄金交易规模有所增长

黄金成交金额15.18万亿元，同比增长16.04%；白银成交金额1.83万亿元；铂金成交金额261.31亿元。

### 3．供求影响产品结构分化

2022年，受实物供求放缓影响，定价在内的现货业务成交金额1.92万亿元；延期产品成交金额4.00万亿元；以掉期为主的即期、远期、掉期、期权等产品成交金额11.11万亿元，同比增长38.75%。

### 4．黄金租借规模保持稳定

二级市场黄金ETF交易热情有所减弱，黄金ETF基金交易成交金额3 530.32亿元，成交

1 004.20吨。黄金租借规模保持稳定，商业银行借出黄金总量2 146.74吨，同比增长0.44%。

### 5. 国际会员规模持续扩大

2022年，国际板成交金额2.09万亿元，其中，竞价成交8 393.75亿元，询价成交12 511.11亿元，同比增长127.29%。2022年度新招募国际会员5家，会员规模持续扩大。

### 6. 上金所市场清算、交割情况

清算结算安全稳健。资金全额清算量27.83万亿元，日均资金全额清算量1 150.15亿元；资金净额清算量4.54万亿元，日均资金净额清算量187.77亿元。交割储运平稳有序。黄金出库量1 571.60吨，入库量1 513.61吨。

## （三）国际板市场运行情况

全球疫情持续反复、经济政治形势多变，金融市场不确定性上升、黄金市场风险加剧。面对风险挑战，上金所坚持以习近平新时代中国特色社会主义思想为指导，坚决贯彻落实人民银行工作部署，从优化市场结构、防范系统风险、夯实基础建设等多方面着手，构建黄金主业突出，询价竞价交易互补，国际、国内会员积极参与的国际板发展新格局，推动黄金市场国内国际双循环相互促进发展。

### 1. 会员数量稳中有增

2022年，上金国际克服新冠疫情影响，新招募国际会员5家，截至2022年末国际会员近百家，国际客户76家，覆盖16个国家和地区，涵盖了商业银行、精炼企业、贸易公司、券商、投资机构等多种类型，市场结构不断优化，市场参与度持续上升。

### 2. 资金清算路径顺畅

国际板资金清算路径顺畅，资金跨区、跨境调拨规模可测、渗透风险可控。2022年全年，国际板净额资金清算量1 292.94亿元。截至2022年末，国际板共在10家保证金存管银行开立9个自由贸易（FT）账户和1个境外结算专用账户，国际会员已开立201个FT账户和37个境外结算专用账户。

### 3. 夯实基础设施建设

积极拓宽境外机构入市渠道，制定境外机构人民币银行结算账户纳入国际板结算专用账户体系业务方案，弥补国际板FT账户的地域限制；在海南、广东两地应用和推广国际板

FT专用账户。对现有基础设施补缺、补强，持续强化风险管理，优化风险监测和报告制度，不断完善风险识别、评估、预警和处置的手段，筑牢防范系统性金融风险的防线；加强存管行及结算调拨管理，确保紧急状态下资金调拨顺畅。

### 4．释放市场发展动能

以“降费率、促交易”为出发点，实行多项费用减免措施，达到“稳运营、保收入”的目标。一是实施国际会员询价掉期交易手续费优惠措施，构建流动性充裕的机构间市场。二是采取助企纾困措施，为企业抗疫复产提供支持。

## 二、全球其他主要市场规模

2022年，全球其他主要贵金属市场交易规模总体呈下降态势（见图1.3、图1.4）。

美国芝加哥商品交易所集团（CME）旗下COMEX黄金期货成交量34.66万吨[①]，同比下降7.17%，居全球交易所第一位；白银期货成交量544.26万吨，同比下降13.13%，居全球交易所第二位。

日本东京工业品交易所（TOCOM）黄金期货成交量1.54万吨[②]，同比增长22.79%；白银期货成交量745.36吨，同比下降10.11%。

印度孟买多种商品交易所（MCX）黄金期货成交量4 540.65吨[③]，同比下降20.24%；白银期货成交量50.21万吨，同比增长3.55%。

上海期货交易所黄金期货成交量7.80万吨[④]，同比下降14.08%，居全球交易所第二位；白银期货成交量566.31万吨，同比下降18.44%，居全球交易所第一位。

---

① 成交量为双边计算，数据来源：Bloomberg。

② 成交量为双边计算，数据来源：Bloomberg。

③ 成交量为双边计算，数据来源：https：//www.mcxindia.com/market-data/historical-data。

④ 成交量为双边计算，数据来源：http：//www.shfe.com.cn/statements/dataview.html?paramid=month。

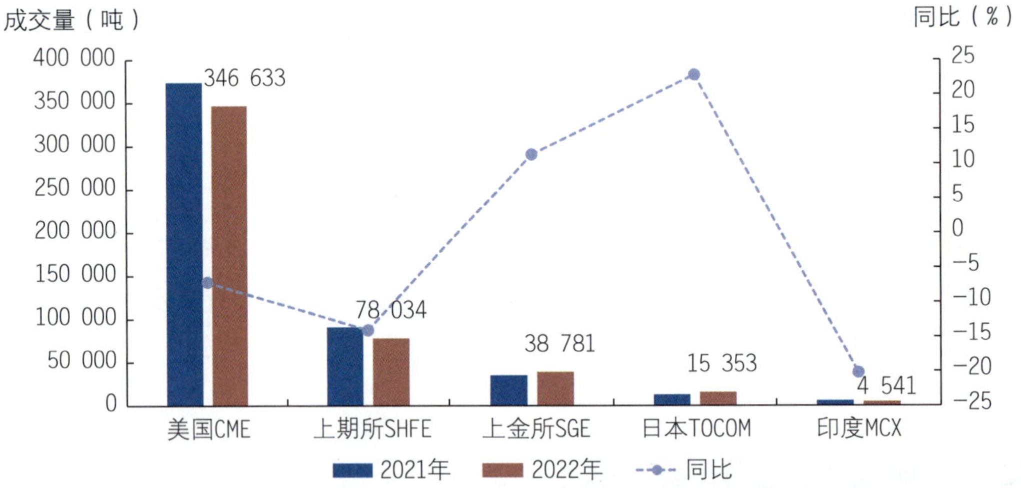


图1.3 全球主要交易所黄金成交量

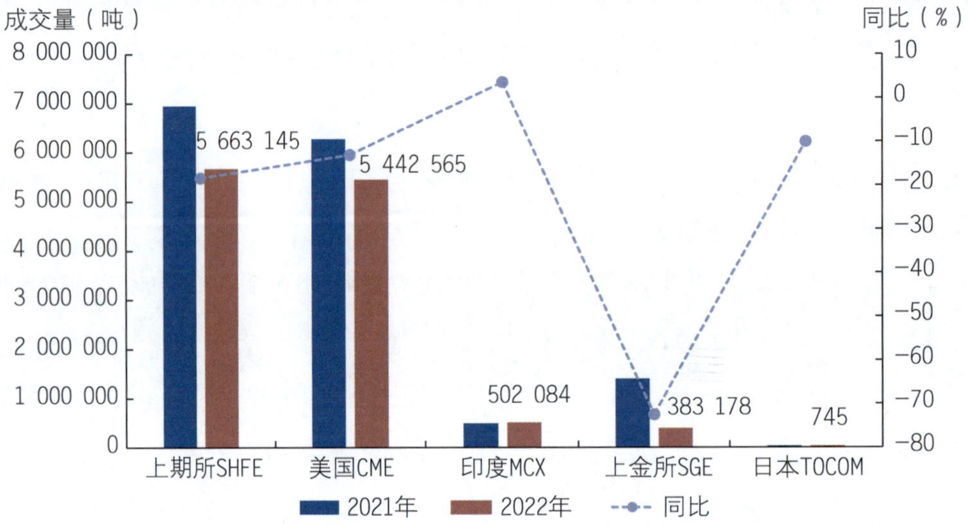


图1.4 全球主要交易所白银成交量

伦敦场外市场规模有所增长，ETF基金规模回落。2022年，伦敦场外黄金市场黄金实物清算量14.91万吨，同比增长11.71%，资金清算量8.61万亿美元，同比增长11.62%。

年末，全球黄金ETF基金规模同比减少110.40吨至3 472.50吨[①]。其中，全球最大黄金

① 数据来源：https：//www.gold.org/goldhub/data/gold-etfs-holdings-and-flows。

ETF基金SPDR全年减持黄金58.02吨，年末黄金持仓量为917.64吨，同比下降5.95%。

## 三、贯彻落实中央重大决策和人民银行党委重要工作部署

2022年，在人民银行的正确领导下，上金所始终坚持以习近平新时代中国特色社会主义思想为指导，深入学习贯彻党的二十大和十九届历次全会精神，坚决落实党中央重大决策部署和人民银行工作安排，坚持稳中求进工作总基调，继续遵循“市场化、国际化”发展方向，努力克服疫情影响，稳妥推进业务调整，牢牢守住风险底线，全力保障疫情期间黄金市场平稳运行，各项工作取得新进展。

### （一）强化金融支撑 筑实疫情防控防线

2022年3月，新冠疫情在上海大范围蔓延，上金所生产运营和员工健康受到严峻考验。上金所党委严格落实人民银行、上海市防疫要求，预先研判、周密部署、紧抓落实，实现3—6月静态管理期间上金所“大楼零感染、业务零中断、系统零差错”。

#### 1．早研判早部署

上金所于3月10日提前启动封闭值守，党委班子成员带头，充分发挥基层战斗堡垒和党员先锋模范作用，紧急安排关键岗位员工到岗，努力确保静态管理期间业务正常运营，系统正常运行；6月初全面复工复市，第一时间组织恢复正常生产秩序；2022年第四季度防疫政策调整后，做好岗位轮转安排、员工健康监测和防疫物资保障，有力应对感染高峰冲击。

#### 2．保障市场平稳有序

上海市实施静态管理期间，上金所交易业务工作人员连续值守76天，确保上金所“风险底线不失守、市场服务不掉线、日常工作不断档、系统运行无故障”，保障了业务平稳运行，金融服务落实到位，努力筑起坚强抗疫防线。

#### 3．助力会员抗疫复产

上金所制定《疫情影响严重地区市场参与机构业务扶持办法》，支持受疫情影响会员抗疫复产，助力会员渡过难关。第四季度启动会员年度业务扶持工作，减收会员交易手续

费。继续实施竞价、询价、定价市场各项手续费率优惠措施，对受新冠疫情影响的实体产业会员实行年会费免收，帮助黄金产业链会员降本增效。

## （二）突出发展要务 服务国家宏观政策

### 1. 强化做市商市场服务功能

持续加强做市业务管理，深化做市商双边报价，改善市场流动性，维护价格稳定。

### 2. 加强国际板基础设施建设

制定境外机构人民币银行结算账户NRA纳入国际板结算专用账户体系业务方案，进一步推广FT账户的使用范围，拓宽境外机构进入中国黄金市场的渠道。

### 3. 拓展上海金应用场景

履约担保型询价合约成功挂牌上市，持续拓展了“上海金”在衍生品结算定价的应用场景，引导线下交易向线上平台集聚。第二批四只上海金ETF产品顺利推出，丰富黄金ETF市场产品。开展黄金ETF应急备忘录的修订，提升应急处置能力。

### 4. 推动国内外市场合作

2022年，成功举办第四届“外滩金融峰会”黄金专题会场，邀请全球代表性市场和金融机构专家共同探讨黄金市场一体化发展的前景与展望，积极推动国内国际黄金市场合作共识。

## （三）着力业务完善 提升交割清算服务

### 1. 鼓励企业绿色发展

夯实交割仓储基础设施，积极探索仓库智能化建设，全面提高储运业务处理效率。通过对认定精炼企业的走访调研，鼓励企业在质量、检测、工艺、技术等方面四新应用和工艺优化，走生态优先、高质量可持续发展之路，发挥好金融支持绿色发展功能。

### 2. 缓解企业供给压力

根据人民银行《黄金租借业务管理暂行办法》和业务实际，制定《实物租借业务细则》《租借业务内部操作流程》，为租借业务参与机构提供安全、高效的黄金实物登记托管和过户服务。进一步优化交割储运网络，在西南和北京地区设立临时铂金交割仓库，缓解疫情期间铂金供给压力，满足产业下游企业用铂金需求。

### 3. 打造保证金“绿色通道”

健全多维度保证金“绿色通道”，为会员出入金保驾护航。在定期开展清结算业务多场景应急演练、构建多层次应急长效机制的基础上，打造多维度保证金“绿色通道”，通过“绿色通道”累计帮助会员出入金86亿余元。

### 4. 加强资金安全存管

成功实现过渡户管理全覆盖，提升黄金市场保证金管理的安全性和有效性。联通征信中心动产融资统一登记系统，对充抵保证金的黄金库存类有价物进行统一的查询登记公示，维护市场参与者权益，实现担保信息透明共享。

### 5. 履行合格中央对手职责

确保中央对手清算业务不间断，为市场参与者提供服务不停歇。加大预清算频次，有力保障会员履约，会员实质性被动违约降至为零。发布2022年《上海黄金交易所中央对手清算业务金融市场基础设施原则（PFMI）信息披露》中英文版。

## （四）坚持底线思维　构建风险防范体系

### 1. 持续强化风险管理

健全风险管理制度，梳理重点环节潜在风险，制定《上海黄金交易所重点风险控制指引》。强化量化风险分析能力，推进保证金调整方案的量化评估，关注重点会员、重点环节的风险监测，严控异常交易，综合评估洗钱风险线索，积极协助有关部门推进防控联动，维护市场运营秩序。

### 2. 提升应急处置能力

统筹全面风险管理信息系统建设规划，稳步推进系统建设。持续优化风险管理“三道防线”间的沟通机制，深入梳理应急预案与流程，提升交易所应急处置能力。开展年度违约处置演练，提升中央对手履约保障能力。定期开展双维度流动性压力测试，提高防范和化解资金流动性风险能力。

#### 3. 夯实会员管理质效

着力加强会员管理，健全反洗钱工作体系，修订《上海黄金交易所会员反洗钱和反恐怖融资工作实施办法》《上海黄金交易所会员反洗钱、反恐怖融资、反逃税自律指引》。提供技术指导协助会员筛选可疑交易。组织涉税机构签署2022年度自律承诺书，指导涉税会员健全自身涉税风险防控体系。

#### 4. 拓展风险防范教育

全面开展风险教育，2022年连续第9年参加人民银行消保局指导的“金融知识普及月”线下主题宣教活动，搭建咨询宣教台，通过为市民答疑解惑、发放宣传手册、案例分析等形式耐心讲解金融知识，让理性投资和消费观念更加深入人心。将“金普月”拓展延伸至“金普季”，丰富宣传内容，持续提升投资者金融素养和风险防范能力。

### （五）坚守金融初心　践行社会责任担当

总结编写《上海黄金交易所社会责任报告》，凸显黄金市场基础设施的责任担当。参与编写《2022中国黄金行业社会责任报告》，展示黄金行业积极履行社会责任的精神面貌，报告获得中国企业社会责任报告专家评级委员会五星级评价。与中国黄金协会、世界黄金协会共同编写发布《2022中国黄金行业重点企业社会贡献报告》，倡导践行ESG和可持续发展理念，探索绿色、低碳、高效的行业发展模式。

## 四、国际业务突破创新

### （一）提升金融服务质效

响应国家“一带一路”倡议，继续拓展“黄金之路”市场应用，推动实现“一带一路”市场黄金资源、资金、技术共享。首次实现市场主体依托上海地区国际板仓库开展“黄金之路”项目相关业务。研究探讨“黄金之路”项下创新业务模式，丰富“黄金之路”项目在区域全面经济伙伴关系协定下应用场景。

举办“黄金之路”市场线上推介会，向包括境内外商业银行、精炼商、珠宝首饰加工企业在内的近50家机构推广黄金来料加工复出口业务模式。赴云南与从事“黄金之路”项目业务的贵金属企业深入交流，听取企业实际业务需求，提升金融赋能实体产业水平。

### （二）拓展国际合作模式

推进与境外央行、境外市场机构和金融基础设施、RCEP国家相关机构在不同业务层面的互联互通，与马来西亚交易所等行业机构、RCEP国家市场机构持续开展沟通交流，探讨多样化的国际合作模式。

### （三）加大国际板推介力度

参加2022年亚太区贵金属年会线上会议并举办“特别关注—中国市场”专场论坛，以“提高贵金属市场的互联互通”为主题，向来自东南亚的近500名政府机构、金融机构及黄金产业链企业代表推介中国黄金市场。举办国际会员线上培训会，向新加坡、土耳其、日本等国家或地区的80名国际会员代表介绍上金所业务，帮助国际会员进一步了解中国黄金市场，拓展国际板业务开展思路。

# 第二章

# 上海期货交易所市场

（上海期货交易所提供）

2022年，面对百年未有之大变局，上海期货交易所（以下简称上期所）在中国证监会领导下，坚持稳中求进工作总基调，深入贯彻新发展理念，持续加强一线监管，积极优化市场生态，全力服务产业发展，为实体经济提供了专业的风险管理工具。作为上期所重要品种，黄金期货在2022年总体运行平稳，企业运用套期保值加强风险管理效果显著。

## 一、市场运行情况综述

### （一）成交情况

2022年，按单边统计（下同），上期所黄金期货成交量3 901.68万手（约合3.90万吨），同比下降14.08%；成交金额15.35万亿元，同比下降10.16%（见图2.1、图2.2）。全年日均成交量16.12万手，日均成交金额634.22亿元；年末持仓26.31万手。

同期，上期所黄金期货期权成交量414.71万手，成交金额142.86亿元；全年日均成交量1.71万手，日均成交金额0.59亿元；年末持仓量4.01万手。从相对标的市场规模来看，黄金期权日均成交量与标的黄金期货的比例为10.61%，日均持仓量与标的黄金期货的比例为14.63%。

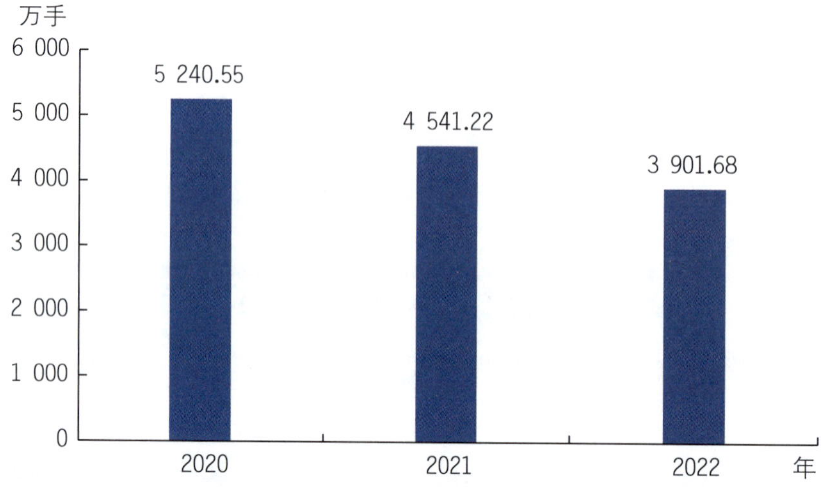


**图2.1　2020—2022年上期所黄金期货成交量**

（资料来源：上期所，单边计算）

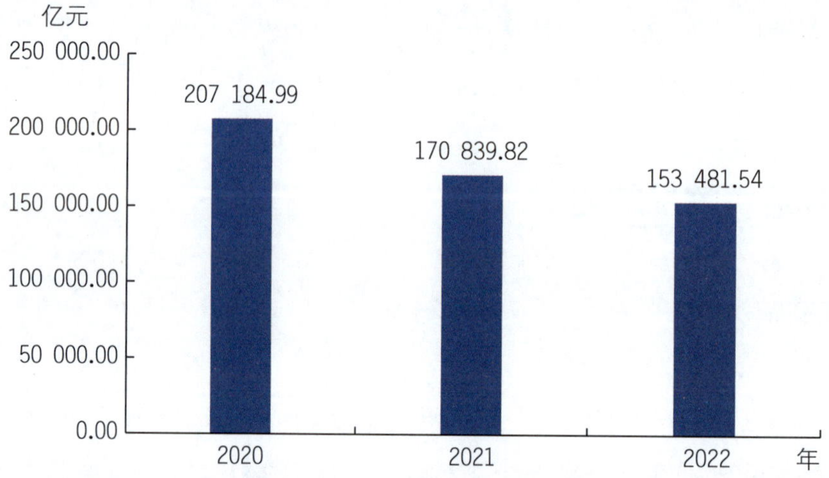


**图2.2　2020—2022年上期所黄金期货成交金额**

（资料来源：上期所，单边计算）

### 1. 月度成交量

2022年，黄金期货月度成交量均值为325.14万手（约合3 521.4吨），同比下降14.08%，全年月度成交量呈震荡趋势。各月成交量中，成交量最高为3月的506.66万手（约合5 066.6吨），最低为10月的208.58万手（约合2 085.8吨）（见图2.3）。

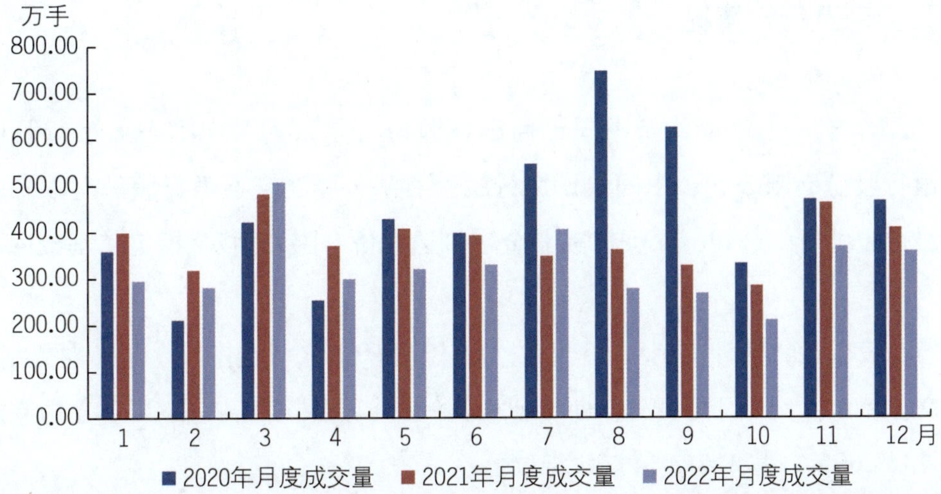


图2.3　2020—2022年上期所黄金期货月度成交量对比

（资料来源：上期所，单边计算）

### 2. 月末持仓量

2022年，黄金期货月末持仓量均值为25.02万手（约合250吨），同比增加20.19%。其中，月末持仓最大为11月末的30.98万手，最小为1月末的17.74万手（见图2.4）。

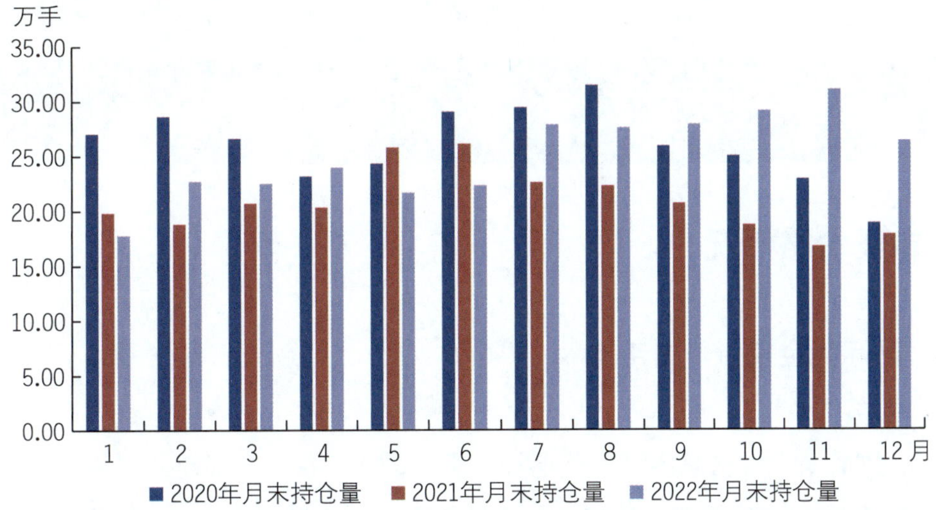


图2.4　2020—2022年上期所黄金期货月末持仓量比较

（资料来源：上期所，单边计算）

### （二）交割及行权情况

截至2022年末，上期所共有中国工商银行股份有限公司、中国农业银行股份有限公司、中国银行股份有限公司、中国建设银行股份有限公司、交通银行股份有限公司、上海浦东发展银行股份有限公司、深圳市威豹金融押运股份有限公司7个指定交割金库，涉及40个存放点。

2022年，黄金期货累计交割5 133千克，同比下降0.70%（见图2.5），月均交割427.75千克，全年交割率0.01%。同期，黄金期货期权共经历12个到期日，有622个合约完成行权，累计行权量15 260手，基本为实值期权行权。

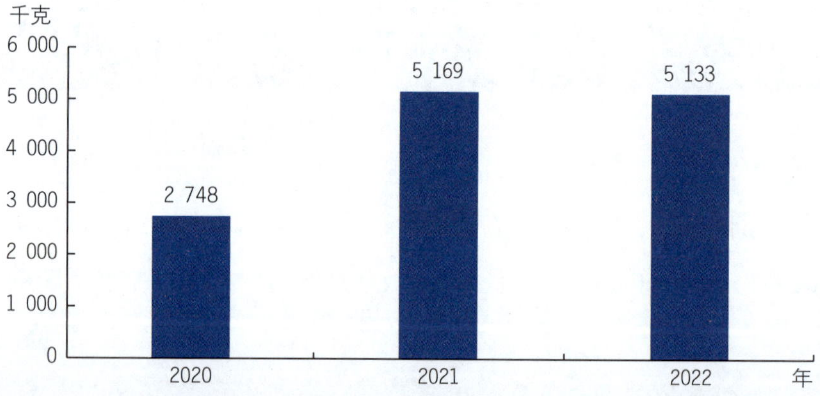


图2.5　2020—2022年上期所黄金期货交割情况
（资料来源：上期所）

## 二、市场价格情况

### （一）国际黄金期货价格走势

2022年，国际黄金价格总体呈震荡走势（见图2.6）。以芝加哥商业交易所集团COMEX分部（以下简称COMEX）的黄金期货为例，其主力合约年初开盘价1 830.1美元/盎司，最高价2 078.8美元/盎司（3月8日），最低价1 618.3美元/盎司（11月3日），年末收盘价1 830.1美元/盎司，较上年末收盘价下跌0.4美元/盎司（见图2.6）。

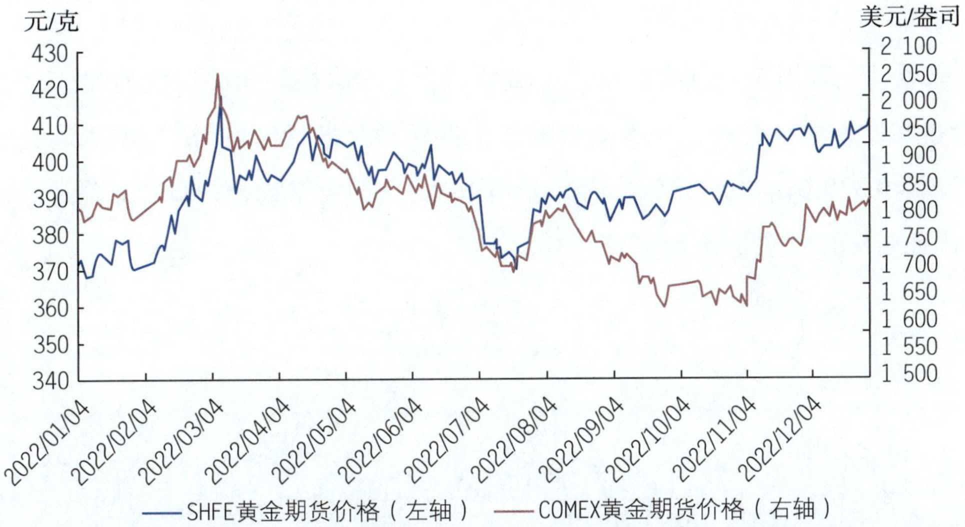


**图2.6 2022年国内外黄金期货价格走势比较**

（资料来源：上期所，Wind）

（注：指收盘价）

2022年，在国际局势动荡、美联储超预期紧缩等多个因素影响下，国际金价走势总体可以分为三大阶段。

第一阶段为1月1日至3月8日。在这一阶段，俄乌冲突逐渐升级，欧美对俄制裁引发避险情绪升温，推动COMEX黄金期货价格突破2000美元/盎司，创下年内最高点。

第二阶段为3月8日至11月3日。在这一阶段，市场主逻辑回归美联储紧缩政策。由于通胀超预期上行，美联储采取加速紧缩措施，由最初的加息25个基点调整到加息50个基点，再到连续4次加息75个基点，使得金价承压下调，最低跌至1 618.3美元/盎司。

第三阶段为11月3日至年底。在这一阶段，美国10月失业率上行，CPI回落叠加鲍威尔释放放缓加息的信号，金价出现反弹趋势。

### （二）国内黄金期货价格走势

2022年，上期所黄金期货主力合约开盘价374.02元/克，最高价420.74元/克（3月9日），最低价368.48元/克（1月10日），年末收盘价411.46元/克，较上年末收盘价上涨35.04元/克，年涨幅9.31%。

全年来看，上期所黄金期货价格与上金所黄金T+D价格的相关系数为0.997 5，国内黄金期现价格高度相关。受汇率等因素影响，上期所黄金期货价格与COMEX黄金期货价格的相关系数为0.339 6，相关度较往年降低。国内黄金期货与黄金T+D的基差走势，及其与COMEX黄金期货的价差走势见图2.7、图2.8。

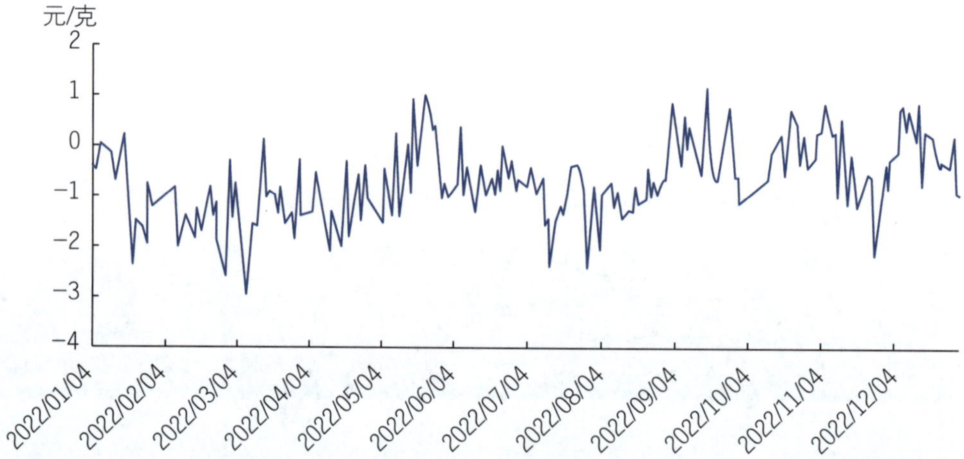


图2.7　2022年上期所黄金期货与上金所黄金T+D基差走势
（资料来源：上期所，Wind）
（注：指收盘价）

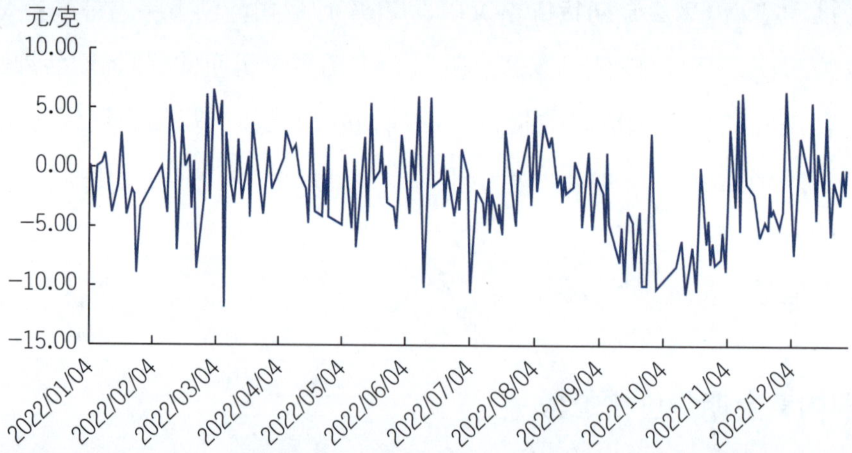


图2.8　2022年上期所黄金期货与芝商所黄金期货价差走势
（资料来源：上期所，Wind）
（注：芝商所黄金期货价格按每日人民币汇率中间价换算成人民币价格。收盘价）

### （三）黄金期货价格波动情况

2022年，黄金期货价格波动略微下降，日收益率年化波动率为11.43%，较2021年下降1.06个百分点（见表2.1）。

表2.1　2020—2022年黄金期货日收益率年化波动率

| 年份 | 2020 | 2021 | 2022 |
|---|---|---|---|
| 年化波动率 | 18.32% | 12.49% | 11.43% |

资料来源：上期所。
注：年化波动率根据日收益率标准差与年交易天数的算术平方根算出；收盘价。

## 三、市场建设情况

2022年，面对百年未有之大变局，上期所胸怀“国之大者”，坚决贯彻落实党的十九届六中全会精神，深入学习党的二十大精神，落实党中央“疫情要防住、经济要稳住、发展要安全”的要求，充分发挥党委全面从严治党引领作用，深化巡视整改成果运用，全所上下统一认识、提高站位、顶住压力、迎难而上，齐心协力做好“防风险、稳增长、促发展”三大重点任务，积极服务保供稳价大局，推进市场发展取得了良好成效。

一是把维护市场稳定作为监管工作重中之重，切实履行一线监管职责，密切跟踪分析国内外市场和产业动态，系统研判市场运行风险，精准施策，强化品种监控和违法违规查处，防范化解潜在风险。2022年，黄金期货市场运行平稳，未出现涨跌停板单边市和会员“穿仓”等风险事件。

二是把市场功能发挥作为助力稳价保供的抓手，落实中国证监会产业客户参与度评估工作部署，对黄金期货产业客户参与情况进行梳理，并完成相关评估报告，提升黄金行业企业参与深度；助力产业企业应对风险，扎根实体满足企业多元化需求，不断优化服务，对龙头企业“一对一”交流，引导鼓励龙头企业参与套期保值；汇聚合力培育市场和管理预期，站稳人民立场，贯彻“大推广”理念，持续开展多层次多渠道的产业服务活动，邀请来自行业协会、资讯机构、实体企业的专家，从宏观经济、产业政策、业务规则、行情走势、套期保值等多维度分享交流。

三是把高质量发展作为服务实体经济的支撑，创新改旧提升品种运行质量。落实《上海国际金融中心建设“十四五”规划》和中国证监会工作部署，对标世界一流交易所，稳步推动黄金期货国际化进程；坚持问题导向，贴近市场实际情况，优化黄金期货业务规则。全力建设一个与经济金融发展程度相匹配、风险管理需求相适应、竞争力强的黄金期货市场，为黄金行业企业提供“价格发现”和“规避风险”的管理工具。

## 四、工作展望

2023年是全面落实党的二十大精神的开局之年，也是上期所三年规划的起始之年。上期所将深入贯彻党的二十大精神和中央经济工作会议精神，认真遵循中国证监会2023年工作会议决策部署，坚持稳中求进工作总基调，遵循“建制度、不干预、零容忍”的工作方针，以高质量党建引领高质量发展，服务经济整体好转，打造服务型、国际型、数字化、绿色化、现代化的交易所。一是强化高效能自律监管，贯彻国家总体安全观，守住不发生系统性风险底线，助力提升产业链供应链韧性和安全水平；二是构建高质量产品体系，持续推进更高水平对外开放，加快黄金期货国际化进程；三是提升服务实体经济效能，针对龙头企业、上市公司等产业客户，积极开展个性化服务，努力提高期货市场服务实体经济的能力和水平；四是持续夯实一线运维和技术保障，技术创新赋能发展，科技监管和内部管理数字化转型实现新突破，以集团化管理提质增效释放新活力；五是坚持党建引领，在全面学习、全面把握、全面落实党的二十大精神上下真功见实效，认真落实二十届中央纪委第二次全体会议部署，一刻不停推进全面从严治党，坚持以政治建设为统领，用党的创新理论凝心铸魂，不断深化党建业务融合。

# 第三章

# 商业银行黄金业务

（中国人民银行上海总部提供）

2022年，商业银行黄金业务总体运行平稳。各商业银行在上金所的黄金交易量为3.25万吨，同比增长21.1%。场外黄金交易量为4 965吨，同比降9.5%；境外黄金交易量为2.01万吨，同比下降16.4%。

## 一、商业银行在上金所黄金交易情况

2022年，各商业银行在上金所的黄金交易总量为32 513.60吨（含自营和代理），同比增长21.1%，占上金所黄金交易总量的83.8%（见图3.1）。其中，自营累计成交31 837.49吨，同比增长26.9%；代理机构交易黄金507.93吨，同比下降36.8%；代理个人交易黄金168.18吨，同比下降82.6%。

从交易方式上看，询价交易黄金27 425.20吨，同比增长34.6%；竞价交易黄金3 672.39吨，同比下降31.4%；定价交易黄金1 416.01吨，同比增长25.3%。

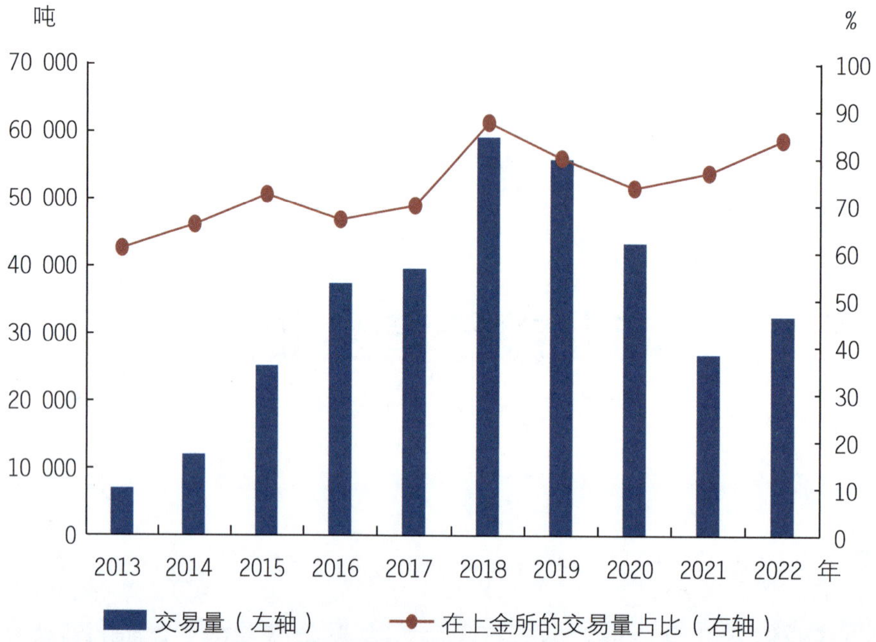


图3.1 商业银行在上金所黄金交易量及占比

（资料来源：黄金市场交易报告库）

## 二、商业银行场外黄金交易情况

2022年，商业银行在境内开展的各项场外黄金业务累计成交4 965.23吨，同比下降9.5%。

### （一）账户金业务

2022年，商业银行账户金业务双边成交528.28吨，同比下降58.4%，成交金额为2 076.24亿元，同比下降56.2%（见图3.2）。其中，人民币账户金累计成交492.93吨，同比下降57.9%；美元账户金累计成交35.35吨，同比下降63.5%。

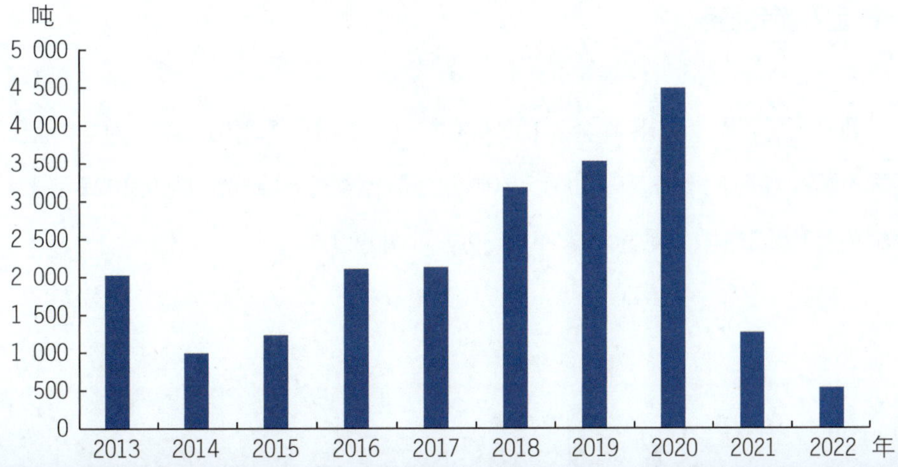


**图3.2　商业银行账户金业务交易量**

（资料来源：黄金市场交易报告库）

### （二）实物黄金业务

2022年，商业银行实物金销售336.93吨，同比增长44.5%，累计销售额为1 345.00亿元，同比增长45.5%（见图3.3）。其中，自营品牌金销售99.07吨，同比增长1.5%；代理品牌金销售22.57吨，同比下降8.0%；黄金积存（含定投）销售215.29吨，同比增长93.7%。

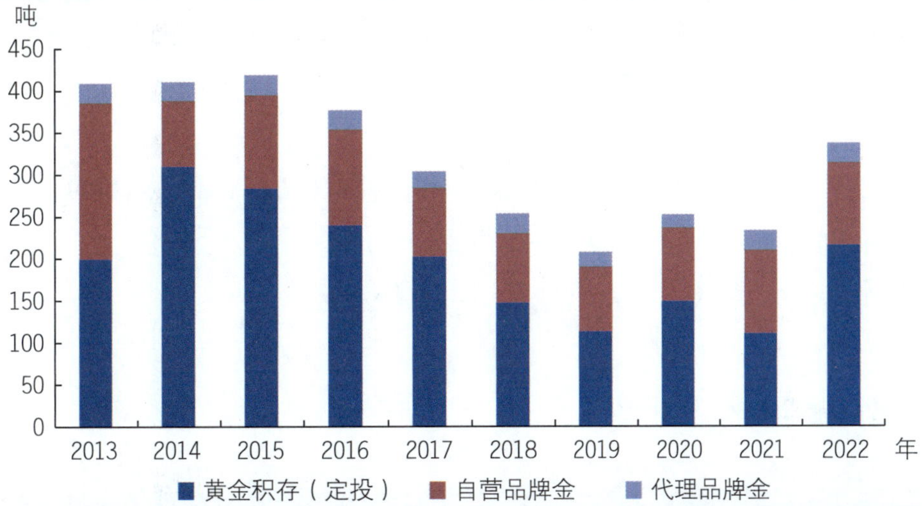


**图3.3　商业银行实物黄金销售量**

（资料来源：黄金市场交易报告库）

### （三）黄金租借业务

2022年，商业银行累计租出黄金2 135.63吨，同比增长5.2%。其中对客租出黄金519.83吨，同比下降9.2%；同业拆出黄金1 615.80吨，同比增长10.8%。截至2022年末，商业银行黄金租借余额为1 306.26吨，较上年末下降3.8%（见图3.4）。

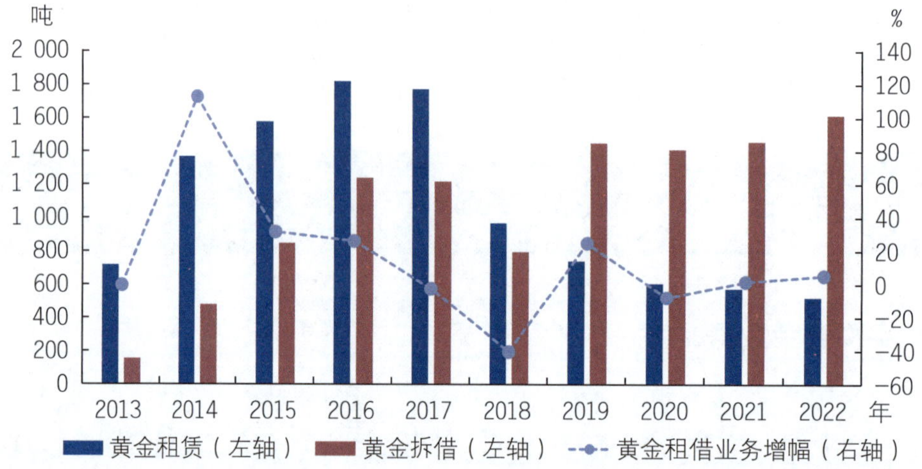


图3.4 商业银行黄金租借交易量
（资料来源：黄金市场交易报告库）

### （四）黄金理财及资管业务

2022年，商业银行出售各类挂钩黄金的理财和资管产品名义本金额为29 836.15亿元，同比增长18.9%；到期赎回30 549.57亿元，同比增长17.6%。截至2022年末，未到期黄金理财和资管产品的余额为3 543.83亿元，较上年末下降12.5%。

### （五）境内黄金衍生品业务

2022年，商业银行在境内开展的黄金衍生品业务累计交易黄金1 733.41吨，同比下降6.8%。从产品结构看，黄金远期成交444.63吨，同比增长21.5%；黄金掉期成交1 260.71

吨，同比下降13.4%；黄金期权成交28.07吨，同比下降28.0%。从币种结构看，以人民币计价的场外黄金衍生品成交325.34吨，同比下降24.5%；以美元计价的场外黄金衍生品成交1 408.07吨，同比下降1.5%。

## 三、商业银行境外黄金交易情况

2022年，共有27家商业银行参与境外黄金交易，累计成交20 137.02吨，同比下降16.4%；名义成交金额为11 747.80亿美元，同比下降15.8%（见图3.5）。从交易结构看，包括黄金掉期、远期、期权、期货在内的境外黄金衍生品交易总量为11 101.41吨，占商业银行境外黄金交易总量的55.1%；黄金即期交易量和黄金拆借交易量占比分别为15.7%和28.8%；其他境外黄金业务交易量占比为0.4%。

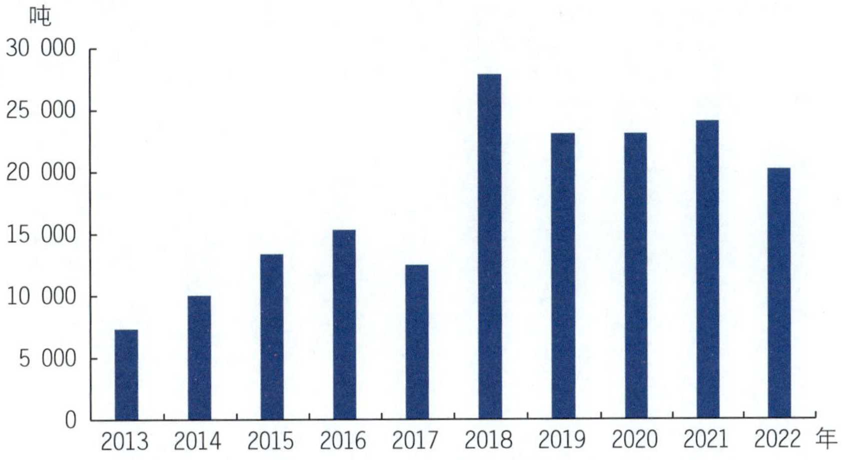


图3.5　商业银行境外黄金交易

（资料来源：黄金市场交易报告库）

# 第四章

# 黄金供应与需求

（中国黄金协会提供）

2022年，我国黄金供应量为1 485.13吨，与2021年相比减少20.04吨，同比下降1.33%。其中，成品金497.83吨，同比增长12.24%；回收金435.30吨，同比增长12.06%；进口金552.00吨，同比下降18.00%（见表4.1）。

表4.1　2022年我国黄金供需平衡表

| 类别 | 2022年（吨） | 2021年（吨） | 同比变化（%） |
|---|---|---|---|
| 一、黄金供应 | | | |
| （一）成品金 | 497.83 | 443.56 | 12.24 |
| （二）回收金 | 435.30 | 388.45 | 12.06 |
| （三）进口金 | 552.00 | 673.16 | -18.00 |
| 总供应 | 1 485.13 | 1 505.17 | -1.33 |
| 二、黄金需求 | | | |
| （一）黄金消费 | 1 001.74 | 1 120.90 | -10.63 |
| （二）黄金首饰及制品出口 | 238.74 | 217.16 | 9.94 |
| （三）投资需求 | 214.05 | 292.81 | -26.90 |
| （四）官方净买入 | 62.21 | 0.00 | — |
| 总需求 | 1 516.74 | 1 630.87 | -7.00 |
| 三、供需平衡 | | | |
| 当年新增库存 | -31.61 | -125.70 | — |

资料来源：中国黄金协会。

2022年，我国黄金需求量为1 516.74吨，与2021年相比减少114.13吨，同比下降7.00%。其中，消费需求1 001.74吨，同比下降10.63%；黄金首饰及制品出口238.74吨，同比增长9.94%；投资需求214.05吨，同比下降26.90%；官方净买入需求62.21吨。

2022年，我国黄金库存变化项减少31.61吨。

## 一、黄金供应结构

2022年，我国黄金供应结构如下：成品金497.83吨，占比为33.52%；回收金435.30吨，占比为29.31%；进口金552.00吨，占比为37.17%（见表4.2）。进口金仍是我国最大的黄金供应源。

表4.2　2022年我国黄金供应结构

| 类别 | 2022年（吨） | 2021年（吨） | 同比增减量（吨） | 同比变化（%） | 占比（%） |
|---|---|---|---|---|---|
| 成品金 | 497.83 | 443.56 | 54.27 | 12.24 | 33.52 |
| 回收金 | 435.30 | 388.45 | 46.85 | 12.06 | 29.31 |
| 进口金 | 552.00 | 673.16 | −121.16 | −18.00 | 37.17 |
| 总　计 | 1 485.13 | 1 505.17 | −20.04 | −1.33 | 100.00 |

资料来源：中国黄金协会。

### （一）成品金

2022年，全国总计生产成品金497.83吨，同比上升12.24%。其中，国内原料黄金产量372.05吨，同比上升13.09%；进口原料黄金产量125.78吨，同比上升9.78%。2022年，山东省黄金矿山摆脱安全生产事故影响，主力矿山全部实现复工复产，产能逐步恢复至疫情前水平。山西义兴寨等新项目投产、改扩建项目达产，也助力全国矿产金产量大幅增长。

2022年，我国黄金产量（含进口原料产金）前五名省份是山东省、河南省、江西省、甘肃省和云南省，黄金成品金产量分别是147.39吨、89.15吨、55.53吨、39.55吨和31.39

吨。这五个省的黄金成品金产量合计363.01吨，占全国成品金总产量（含进口料产金）的72.92%，比上年上升了3.03个百分点（见图4.1）。

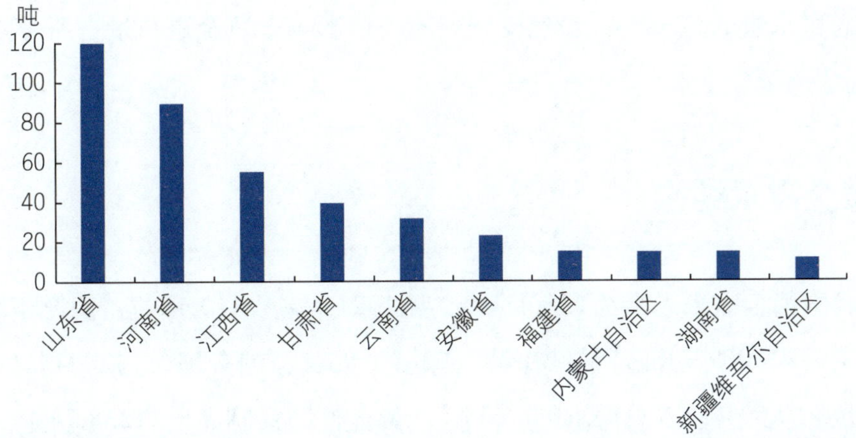


**图4.1 2022年全国重点产金省（区）成品金产量**

（资料来源：中国黄金协会）

**延伸阅读**

按照新资源储量分类标准，截至2021年底，全国黄金资源量为15 750.51吨，黄金储量为2 964.37吨。2021年中国黄金资源量约占全球的16%，居全球第二位；据美国地质调查局（USGS）数据，我国黄金储量在全球排名中居第9位（若按自然资源部统计数据，我国黄金储量大致能够排在全球第5位）。

2021年，黄金资源量超过1 000吨的有山东、西藏和甘肃三个省份，黄金资源量共计6 781.37吨，占全国黄金资源量的43.05%；黄金储量1 255.52吨，占全国的42.35%。

## （二）回收金

2022年，我国回收金量为435.30吨，同比增长12.06%，占总供应量的29.31%。受人民币汇率影响，国内黄金价格较国际黄金价格表现更为坚挺，为黄金回购创造了有利条件。

### （三）进口金

根据有关数据估算，2022年，我国黄金市场进口金数量为552.00吨，同比下降18.00%，占总供求量的37.17%。虽然受到新冠疫情影响，黄金进口量有所下降，但仍是我国最大的黄金供应源。

## 二、黄金需求结构

2022年我国黄金需求总量为1516.74吨，比2021年减少114.13吨，同比下降7.00%。其中，黄金消费需求1001.74吨，继续保持全球第一大黄金消费国，与2021年同期相比减少119.16吨，下降10.63%，占总需求的66.05%；黄金首饰及制品出口238.74吨，占总需求的15.74%；投资需求214.05吨，占总需求的14.11%；官方净买入62.21吨，占总需求的4.10%（见表4.3）。

表4.3　2022年我国黄金需求量结构

| 类别 | 2022年（吨） | 2021年（吨） | 同比增减量（吨） | 同比变化（%） | 占比（%） |
|---|---|---|---|---|---|
| **一、黄金消费** | 1 001.74 | 1 120.90 | −119.16 | −10.63 | 66.05 |
| 1. 黄金首饰 | 654.32 | 711.29 | −56.97 | −8.01 | 43.14 |
| 2. 金条及金币 | 258.94 | 312.86 | −53.92 | −17.23 | 17.07 |
| 3. 工业用金及其他 | 88.48 | 96.75 | −8.27 | −8.55 | 5.83 |
| **二、黄金首饰及制品出口** | 238.74 | 217.16 | 21.58 | 9.94 | 15.74 |
| **三、投资需求** | 214.05 | 292.81 | −78.76 | −26.90 | 14.11 |
| 1. 黄金ETF | −23.86 | 14.38 | −38.24 | — | −1.57 |
| 2. 机构流转及配置 | 237.91 | 278.43 | −40.52 | −14.55 | 15.69 |
| **四、官方净买入** | 62.21 | 0.00 | 62.21 | — | 4.10 |
| 总计 | 1 516.74 | 1 630.87 | −114.13 | −7.00 | 100.00 |

资料来源：中国黄金协会。

## （一）黄金消费

### 1．黄金首饰

2022年，黄金首饰消费量为654.32吨，占总需求量的43.14%，比2021年减少56.97吨，同比下降8.01%。在国家高效统筹疫情防控成效下，黄金首饰消费在年初经历了强劲复苏，此后受国内疫情多点散发影响，黄金首饰消费明显下滑，但部分重点加工企业和民族零售品牌产销量仍能保持相对稳定，品牌集中度进一步提升。

### 2．金条及金币

2022年，金条及金币消费量为258.94吨，比2021年减少53.92吨，同比下降17.23%，占总需求的17.07%。实物黄金投资金条受国内金价持续处于高位及汇率波动等因素影响，需求量整体下滑。

### 3．工业用金及其他

2022年，我国工业用金及其他88.48吨，比2021年减少8.27吨，同比下降8.55%，占我国黄金总需求的5.83%。国内金价上涨和需求收缩导致工业及其他用金也出现回落。

## （二）黄金首饰及制品出口

2022年，根据海关进出口数据估算，我国黄金首饰及制品出口238.74吨，占总需求量的15.74%，比2021年增加21.58吨，同比增长9.94%。我国黄金首饰及制品出口正逐步恢复至疫情前的水平。

## （三）投资需求

### 1．黄金ETF

2022年，国内金价高企引发投资者获利回吐，全年国内黄金ETF共减持23.86吨，截至12月底，国内黄金ETF持有量约为51.42吨。

### 2．机构流转及配置

2022年，机构流转及配置黄金需求237.91吨，较2021年减少40.52吨，同比下降

14.55%，占总需求量的15.69%。

### （四）官方净买入

2022年，全球央行外汇储备多元化成大趋势，继续维持对黄金的净买入。中国人民银行分别于11月、12月增持黄金，合计增储62.21吨，截至2022年底，我国黄金储备为2 010.53吨。

第五章

# 国际黄金市场概述

（世界黄金协会提供）

## 一、全球黄金市场概述

2022年，在各国央行大力购金、个人投资者强势买入以及黄金ETF流出放缓的多重作用下，黄金需求也随之升至11年以来的最高位（见图5.1）。

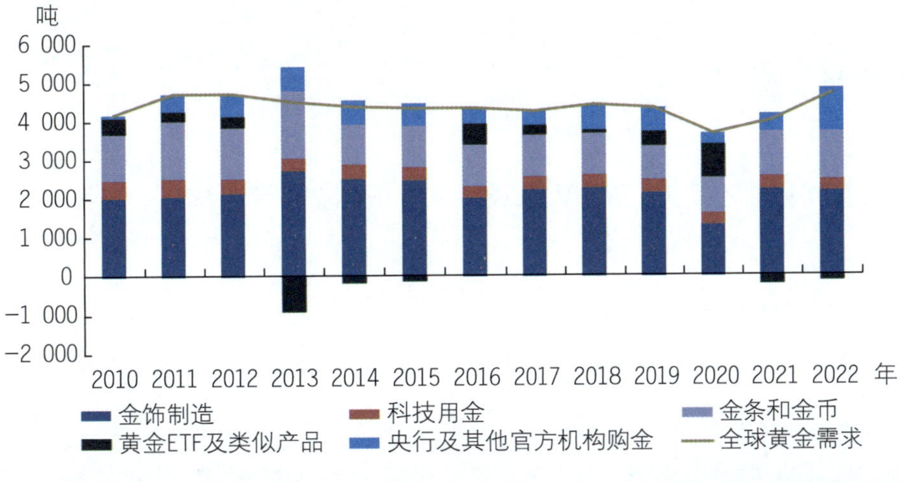


图5.1　2022年全球黄金需求

（资料来源：金属聚焦公司，路孚特GFMS，世界黄金协会）

（注：数据截至2022年12月31日。2022年黄金需求几乎可与2011年创纪录的高位水平匹敌）

## （一）全年亮点

★ 2022年，黄金需求（不含场外交易）跃升至4 741吨，增幅达18%，几乎与投资需求极为旺盛的2011年持平。第四季度1 337吨的需求量创下新高，助推全年总需求斩获绝佳表现。

★ 2022年，金饰消费稍显疲软，小幅下降3%至2 086吨。这很大程度上是受第四季度影响：当季金价飙升，使金饰需求承压。

★ 2022年，黄金投资需求（不含场外交易）达到1 107吨，增幅10%。金条和金币需求增长2%至1 217吨；与此同时，黄金ETF持仓降幅也较2021年收窄（2022年减少了110吨，2021年减少了189吨）。2022年场外投资需求的季度性波动基本相互抵消。

★ 2022年第四季度，全球央行的购金量达417吨，也是连续处于高位。全年的央行购金量累计达到1 136吨，创下有记录以来的新高，其中大部分为未报告数据。

★ 2022年第四季度，科技用金需求出现大幅下降，导致该板块的全年需求量下滑了7%。全球经济状况的恶化抑制了人们对电子产品的消费需求。

★ 2022年，黄金的年度总供应量增加了2%，达到4 755吨。金矿产量升至4年来的新高，共计3 612吨。

## （二）市场展望

**2023年ETF和场外交易（OTC）需求或将从金条和金币手中接过接力棒（见图5.2）。**

★ 黄金投资预计将在2023年取得增长。2022年，金条和金币表现强劲，ETF和场外交易需求则持续低迷，不过后者正在从前者手中接过接力棒。黄金零售投资继续保持健康态势，但随着西方市场的通胀担忧开始消退，黄金投资仍有可能下降。不过，亚洲的零售黄金投资预计将获得强劲增长。此外，由于经济衰退加剧，加之地缘政治风险的影响，有可能使投资者继续维持对黄金的兴趣，使2023年的黄金投资随时间的推移而展现上升潜力。

★ 央行购金量不太可能达到2022年的水平。目前央行黄金总储备量处于低点，央行总储备资产的下滑有可能限制当前配置的增长空间。不过，部分央行报告的发布存在滞后，因此我们现有的预期仍具有高度不确定性，实际数据很有可能好于预期。

★ 预计金饰需求将在韧性十足的2022年的基础上进一步改善。但需要警惕的是，如果全球经济形势恶化，拖累中国以外地区的金饰需求，则中国市场凭借庞大基础所带来的积极影响有可能被削弱。随着疫情防控政策的调整，中国市场受到抑制的金饰需求得到释放，加之经济增长催生需求增长，都将为金饰需求注入增长动力，不过疫情反复带来的不确定性仍有可能使金饰市场受到影响。如果当地金价继续上涨，印度金饰需求年初的低迷态势预计将进一步延续。

★ 由于现有金矿产量提升，预计2023年黄金总供应量将再次取得温和增长。预计黄金回收将有所下降，不过，西方市场通胀率开始下降，经济衰退导致的抛售潮已经初现端倪，因此仍不能排除回收量增加的可能。

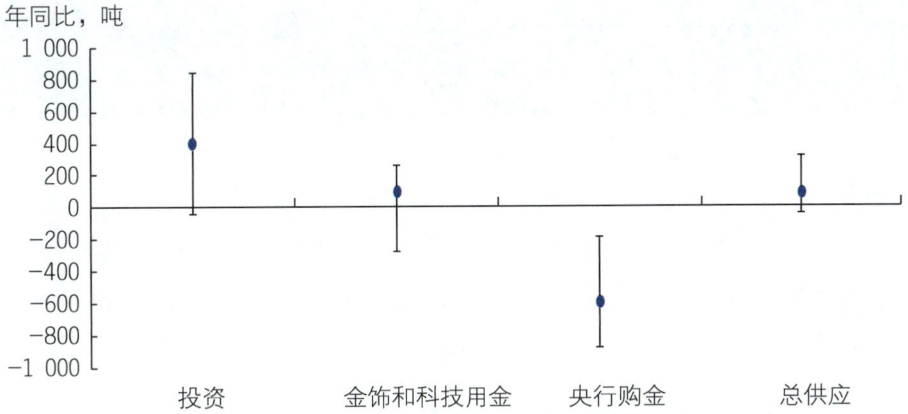


**图5.2 2023年全球黄金需求预期变动**

（资料来源：世界黄金协会）

（注：数据截至2022年12月31日。制造需求包括金饰和科技用金需求。投资包括黄金ETF、金条和金币，以及场外交易需求。黄金供应包括金矿产量和黄金回收量。我们忽略了套期保值需求，假设该项不变）

## 二、金饰需求

受疫情影响，2022年中国需求表现影响全球金饰需求（见图5.3）。

★ 2022年，全球金饰总需求小幅下降至2 086吨，降幅为3%。

★ 2022年，中国金饰需求显著下滑，对全球金饰需求总量产生负面影响。

★ 第四季度全球金饰需求同比下降13%，部分原因在于2021年第四季度需求基数极高。

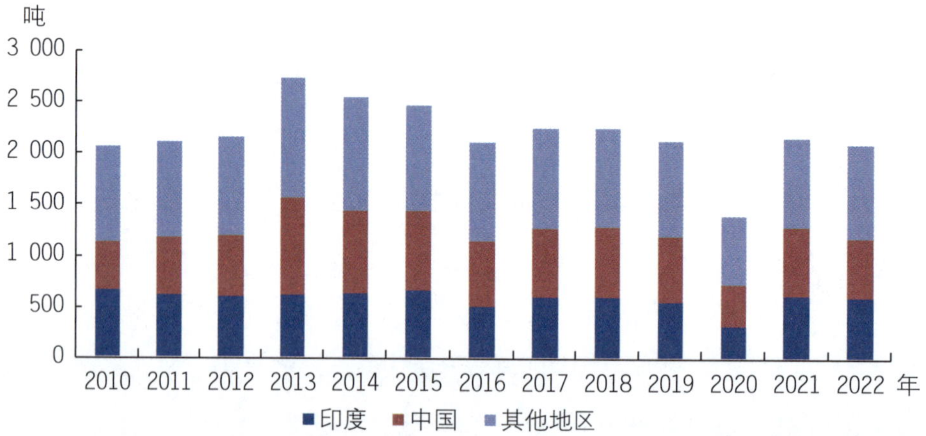


**图5.3 2010—2022年全球金饰需求与总价值**

（资料来源：金属聚焦，Refinitiv GFMS，世界黄金协会）

（注：数据截至2022年12月31日。2022年全球金饰需求尽显韧性）

## （一）中国

2022年中国金饰需求有所下降，新冠病毒疫情影响了2022年大部分时间的金饰需求。此外，年内中国金价上涨了10%，也使金饰消费受到影响。第四季度金饰需求为127吨，同比减少28%，成为2009年以来最疲软的第四季度。

中国金饰需求相对疲软，但消费趋势值得关注。投资动机成为民众购买金饰的主要动力，因为疫情带来不确定性，加之人民币疲软，民众开始追求保值投资。因此，价格透明度较高、人工成本较低的24K准投资金饰大受欢迎。此外，古法金饰等高端产品也在继续扩大市场份额。一方面，这些产品的新颖创意吸引了消费者的目光；另一方面，丰厚的利润也推动金饰制造商大力推广此类产品。

展望2023年，我们预计中国金饰需求将逐步回暖。2023年中国GDP增长有望显著提升，预计金饰需求也将随之改善。但我们仍有理由对中国金饰前景保持谨慎。2022年中国人口减少85万人，有可能使金饰行业面临长期挑战。

### （二）印度

2022年印度金饰需求尽管下降2%，但年度绝对需求总量仍十分可观。印度本地金价高企且仍继续上涨，成为影响金饰需求的主要阻力，但全年金饰需求总量仍达到600吨，与疫情前的10年平均水平相符。印度第四季度金饰需求同比减少17%，不过2021年第四季度金饰需求创下历史新高是造成显著降幅的原因之一：第四季度金饰需求达到220吨，是2000年本数据系列开始记录以来需求量第四高的季度。

第四季度前半段恰逢印度节日，金饰需求异常强劲。经过与业内人士讨论，我们获知这段时期的销售额同比增长约为20%，而作为对比基数的上年同期的节日需求也相当强劲，表明第四季度市场情绪非常积极。此外，婚庆需求也使印度金饰市场得到提振。

印度第一季度前景喜忧参半。2023年第一季度的婚庆吉日更多（共计28天，而2022年第一季度为11天），将对金饰需求产生积极影响，秋收作物市场价格有望上涨，也有利于金饰销售。不过，印度国内金价上涨和农村通胀持续高企将继续影响印度金饰需求。

### （三）中东和土耳其

2022年，中东地区金饰需求为190吨，同比增长15%。阿联酋和沙特阿拉伯金饰需求均取得大幅增长，为中东地区表现出色作出了重要贡献。不过，由于金价高企且不断上涨，第四季度金饰需求的增长势头有所放缓。

土耳其年度金饰需求为37吨，同比增长8%，已恢复到疫情前水平。第四季度需求量达到10吨，同比增长32%，第三季度需求量同样强劲，共同创下2017年以来下半年需求纪录。第四季度当地金价上涨，但消费品通胀飙升，为投资者提供了投资黄金的动机。纯金首饰大受欢迎，而钻石首饰需求依然疲软，也证实了这一点。

### （四）美国和欧洲

2022年美国金饰需求同比下降4%，但仍达到144吨。同比降幅大部分发生在下半年，部分原因在于政府取消一揽子支持计划产生的持久影响，以及消费者支出从奢侈品转向服务类。第四季度，美国国内经济衰退的威胁日益明显，金饰需求同比下降5%，降至51吨。不过，2022年的金饰需求仍高于疫情前水平，同比下降是因为2021年的需求十分强劲。美国就业市场保持稳定，为金饰需求提供了支撑，而圣诞购物季也为提升第四季度需求作出了贡献。

2022年，欧洲金饰消费量增长4%，达到71吨，几乎已恢复至疫情前水平。第四季度金饰需求同比下滑5%至31吨，结束了前六个季度的增长势头。不过，造成欧洲金饰需求下降的主要原因在于英国需求量的大幅下滑。英国经济低迷加剧了民众的生活成本危机。

### （五）东盟市场

2022年，几乎所有东南亚市场的金饰需求都有所增长。越南以51%的增长率领先东盟市场，该国全年需求量达到18吨，创下4年来的最高纪录。多个因素推动越南金饰需求增长，包括第四季度当地金价小幅下跌；减薪停止，居民收入水平上升；在GDP强劲增长的背景下，消费者信心得到提振。

泰国金饰消费超过9吨，同比增长17%。与疫情前水平相比，泰国年度需求仍然相对温和，不过季度需求的增长势头更为积极。截至2022年第四季度，泰国已连续第八个季度取得同比增长。第四季度同比增长15%，达到近3吨，创下2019年第四季度以来的最高水平。总体而言，泰国金饰需求继续受益于经济重新开放和旅游业复苏。此外，9月和10月泰国金价下跌，也促使金饰零售商在结婚季和年终节庆之前补充库存。

印度尼西亚是东南亚最大的金饰市场，金饰需求同比增长5%，使2022年的全年需求量达到28吨。尽管消费者信心有所改善，但通胀率不断上升，在一定程度上削弱了消费者的消费能力。

### （六）亚洲其他地区

2022年，日本金饰消费量小幅减少至15吨。第四季度需求同比下降15%，从2021年第四季度的5吨降至4吨。日本当地金价上涨，加之通胀卷土重来，有可能削弱消费者信心。日本金饰需求已从遭受疫情重创的2020年低谷中恢复，但尚未恢复到疫情前水平

（16~17吨）。

韩国金饰年需求量同比减少18%，2022年全年金饰消费量仅为15吨。韩国经济放缓比预期更为严重，使金饰消费受到影响。随着家庭收入不断缩水，债务不断增加，消费者开始减少奢侈品消费，使金饰需求失去增长动力。

### （七）澳大利亚

澳大利亚全年金饰需求增长30%，部分原因在于基数效应：受制于严格的疫情限制措施，2021年金饰需求十分疲软。不过，由于第四季度金饰需求超过3吨，同比增长22%，使全年金饰需求量达到11吨，保持在健康水平。

## 三、投资需求

年度投资总需求同比增长10%，主要原因在于金条和金币需求强劲，以及ETF净流出步伐放缓。

★ 2022年，全球金条和金币在已然需求旺盛健康的2021年基础上进一步增长改善，达到1 217吨，同比增长2%。

★ 黄金ETF在第一季度出现净流入，但仍在2022全年流出110吨。不过流出量仍显著远低于2021年（净流出189吨）[①]。

★ 年度总投资总量增加了10%，达到1 107吨。

### （一）黄金ETF

2022年，实物支持的黄金ETF持有量减少了110吨（降幅为3%），为3 473吨（管理资产规模为2 030亿美元），相当于流出30亿美元（见图5.4）。

① 请注意，截至2023年1月，我们改变了黄金ETF统计方法，以便更准确地衡量黄金ETF需求。如需详细了解新统计方法，请参阅世界黄金协会官网ETF统计方法说明。

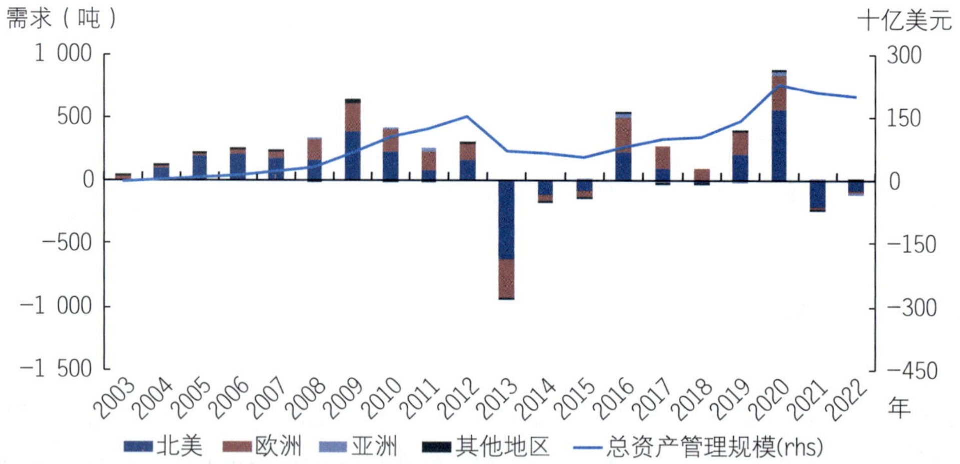


**图5.4 2003—2022年全球黄金ETF需求情况**

（资料来源：彭博社，各公司公开文件，ICE基准管理局，世界黄金协会）

（注：截至2022年12月31日。2022年黄金ETF流出放缓）

在北美上市的基金需求降幅最大。2022年，北美基金持有量共减少75吨（30亿美元），主要来自两家规模最大、流动性最强的基金。[①]

年底前欧洲基金出现跌势。欧洲的黄金ETF从年初至11月总需求与上年相比原本呈正增长，但最终全年总需求同比下降1%（减少15吨，以当时金价估算相当于9.43亿美元）。[②]欧洲在地理位置上更接近俄乌冲突发生地，加上全世界对欧洲各国经济增长前景普遍表示担忧，推动避险资金流入ETF，使欧洲ETF需求相对坚挺。

中国市场的黄金ETF需求领跌亚洲市场。2022年，在亚洲上市的黄金ETF基金净流出量为21吨，中国基金黄金资产持有量显著下降，不过这一降幅被来自日本和印度的需求部分抵消。2022年第一季度，亚洲的基金并未如同北美和欧洲一样出现需求激增，这主要因为当地金价上涨反而刺激投资者获利回吐。这一点在中国尤为明显：在2022年的大部分时间里，中国投资者都采用了更具战术性的投资策略。年内其他地区的基金持有量小幅增加0.2吨。[③]

① 详情请见世界黄金协会官网 ETF 评论。

② 尽管吨位需求变化为负值，但由于年内 ETF 流入时金价较高（流出时金价较低），因此 ETF 的资金流［代表投资者在给定时期内投入（或从基金中收回）的资金量（以美元计）］仍为正值。详情请参阅 ETF 统计方法说明。

③ “其他”地区包括澳大利亚、南非、土耳其、沙特阿拉伯和阿拉伯联合酋长国。

## （二）金条和金币（见图5.5）

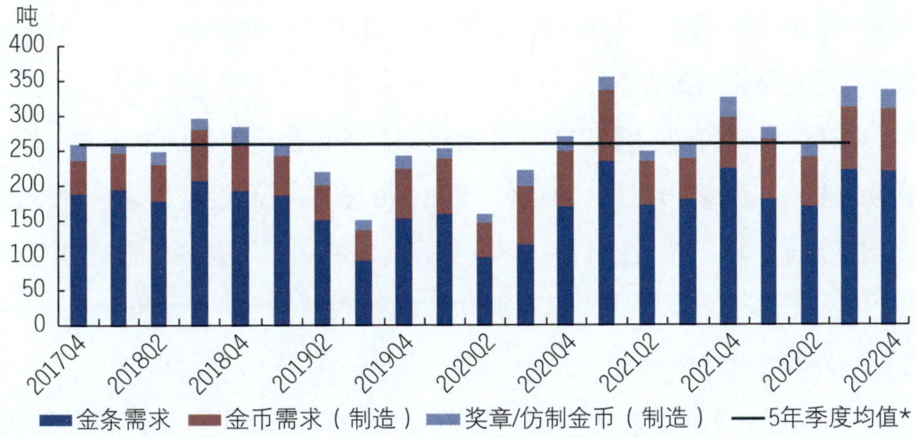


**图5.5 2017年第四季度至2022年第三季度金条和金币年均投资量**

（资料来源：金属聚焦公司，世界黄金协会）

（注：通胀压力支撑金条金币投资需求）

### 1. 中国

中国2022年第四季度金条和金币需求为61吨，同比下降20%，使全年总需求同比明显下降，主要受新冠病毒疫情影响。全年零售投资比10年平均水平（269吨）低18%，更接近2020年的199吨。在2022年的大部分时间里，很多中国投资者受疫情影响无法购买实物黄金，因为此类交易通常都发生在线下而非线上。

不过，2022年中国投资者对黄金的潜在兴趣依然高涨。受地缘政治风险影响，黄金投资产品成为投资者关注的焦点，使年内“金条”一词的平均百度搜索指数高于2021年。[①]中国人民银行开展的一项季度调查显示，中国家庭的储蓄意愿已达到历史高点，其中部分资金很可能用于黄金投资。

展望2023年全年，随着中国经济进一步复苏，以及商业银行继续大力推广实物黄金产品，我们预计中国的金条和金币需求将会反弹。鉴于中国投资者的储蓄倾向已经达到历史高点，预计黄金的避险功能也将继续吸引大批投资者。

① https：\index.baidu.com\v2\main\index.html.

### 2. 印度

印度金条和金币全年需求量为174吨，同比下降7%。2022年第四季度同比下降28%是造成全年需求量下降的主要原因；尽管该季度的需求量保持在健康的56吨，但仍未能与2021年第四季度的强劲表现相匹敌。

在第四季度初的杜塞拉节和排灯节首日期间，金条和金币需求尚能保持稳定。①然而，随着结婚季的到来，以及零售商极力推销利润更高的金饰产品投资需求遭到冷遇，人们的注意力开始转向金饰。由于错过了11月短暂的金价上涨窗口，很多投资者也选择了离场观望。经过与业内人士讨论，我们获知购买集中在总价较低的产品（如20克及以下产品），表明消费者更关注黄金的礼品功能。

展望2023年，印度的金条和金币需求目前因国内金价走高和股市不断上涨而承受压力，通胀率较低也有可能削弱黄金作为通胀对冲工具的作用。不过，农村需求复苏有可能在未来促进金条和金币需求。

### 3. 中东和土耳其

2022年土耳其黄金投资量同比增长38%，达到85吨，使这一年成为整个数据集第三高的年份。第四季度需求量同比增长超过7倍，达到29吨，推高了全年需求总量。虽然此次大幅增长是建立在2021年相对较低的基数之上，但第四季度的绝对总额仍然很高，远高于五年季度平均值（17吨）。

国内通胀高企，实际利率处于深度负区间，继续推动投资需求。10月需求格外强劲，随后的11月和12月略有下降，主要原因在于国内金价飙升，使需求受到抑制。2022年，中东地区金条和金币需求量共计78吨，同比增长42%，达到4年以来的高点。主要受益于伊朗和埃及在第四季度表现强劲，该地区连续五个季度实现两位数大幅增长。

伊朗通胀的高企以及对避险资产的需求，推动黄金需求走高，使第四季度金条和金币需求提升至10吨（同比增长33%）。不过，新近出台的规定对每笔黄金交易都施加了重量和数量限制，在一定程度上抑制了需求。

埃及镑继3月贬值之后，又于10月下旬贬值（计划内），推动市场对避险和通胀对冲资产的需求。受此影响，埃及第四季度金条和金币需求同比增长一倍多，年需求同比增长

---

① 杜塞拉节是每年九夜节结束后庆祝的节日。九夜节是印度教一年一度的节日，跨越九个夜晚，节日旨在庆祝邪不压正。杜塞拉节为2022年10月5日。“排灯节首日”是排灯节的第一天。排灯节首日为2022年10月22日和23日。

83%，达到4.4吨。

### 4．美国和欧洲

2022年，西方对实物黄金产品的投资需求创下年度纪录。美国和欧洲的金条和金币购买总量达到427吨，超过2011年创纪录的416吨。

2022年，美国零售投资者共购买113吨黄金，创下了仅次于2021年和2009年第三的最好成绩。2022年比2021年下降3%，原因在于2021年需求创下历史纪录，并不能说明2022年实际需求疲软。第四季度需求为28吨，与2021年初以来的季度平均购买量相符。

截至2022年底，美国投资需求似乎已从之前的购买热潮中稳定下来，步伐更加稳健。据报道，黄金投资的返销量仍较为有限。这种趋势加之供应改善，都使得金价上涨趋势得到缓解。

在我们的数据记录中，2022年是欧洲年度零售投资第二次突破300吨，同比增长14%，达到314吨。第四季度金条和金币需求同比增长21%，达到81吨，保持了前三季度的增长速度。高通胀、衰退担忧（以及对股市的影响）和地缘政治冲突等因素继续为德国和东欧部分地区（尤其是波兰）的黄金购买提供动力。第四季度，本币金价波动也推动了投资流动。11月和12月，以欧元和瑞士法郎计价的黄金价格相对稳定，推动投资者在当地金价反弹和美元金价走高的预期下买入黄金。

### 5．东盟市场

2022年，《全球黄金需求趋势报告》涵盖的大多数东盟市场的零售投资都有所增长。泰国是唯一的例外，该国的年度金条和金币需求量小幅下跌至29吨。不过，泰国第四季度黄金投资需求强劲，同比增长8%，达到10.8吨，创下2019年第一季度以来的最高纪录。

越南第四季度零售投资激增48%，达到9吨，推动全年需求量达到41吨，同比增长32%。多种因素促成了越南的零售投资增长，包括通胀加剧、货币贬值、一家大型房地产公司涉及债券发行欺诈、股市表现不佳等。由于需求强劲，使当地的黄金价格相对国际金价的溢价保持在500~550美元/盎司。

在东南亚其他地区，黄金零售投资需求也有所上升。印度尼西亚金条和金币年需求量同比增长8%，达到21吨，新加坡和马来西亚则分别增长32%和27%。

### 6．亚洲其他地区

2022年，日本出现金条和金币净卖出，原因在于当地金价上涨，老年人便将手中长期持有的黄金兑换成现金获利。日本的金条和金币抛售主要集中在前两个季度：到第四季度，受日本通胀上升的影响，金条和金币净投资增加2吨，达到41年来的最高水平。

在韩国，由于经济低迷、投资情绪低下，投资者倾向于持有现金，使黄金零售投资放缓。金条和金币年需求量为17吨，同比下降19%。

### 7. 澳大利亚

出于对全球经济不景气、高通胀以及过度杠杆市场利率上升的担忧，投资者对黄金的需求仍然相当强劲。零售投资需求稍高于4吨，虽低于第一季度的强劲水平，但仍保持稳健。2022年零售投资需求总量略低于20吨，同比下降2%。

## （三）央行购金

2022年，央行的黄金需求创下新高（见图5.6）。

★ 2022年央行购金需求总计1 136吨，达到有数据记录以来的新高。

★ 地缘政治带来的不确定性和高通胀是央行持有黄金的主要原因。

★ 购买主力为新兴经济体央行。

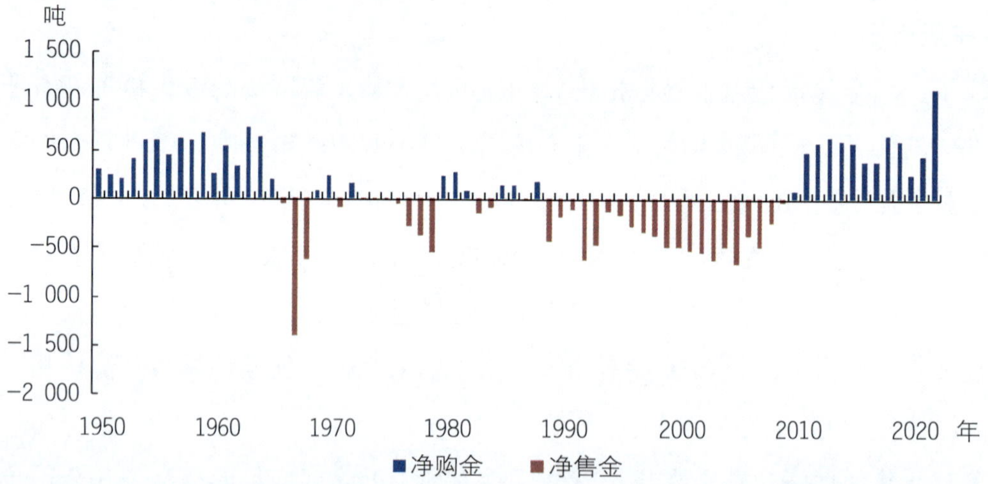


**图5.6　1950年以来全球央行购金量情况**

（资料来源：金属聚焦公司，路孚特GFMS，世界黄金协会）

（注：数据截至2022年12月31日。2022年的全球央行购金量为有记录以来的最高）

跌至十年最低水平后两年，央行购金需求终现强劲反弹。2022年，央行购金需求连续第二年同比增长，净购入量达1 136吨。这也标志着2022年成为央行购金的重要年份：2022年不仅是各国央行连续第十三年净购入黄金，也创下了1950年以来最高的年度需求，其中第三季度和第四季度的需求量均达到400吨以上。

第四季度，央行净购入量总计417吨，将下半年购金总量提升至862吨。与第三季度相同，2022年第四季度的数据既包括已报告的购入量，也包括对大量未公开的购入量的估算数据。①有关于此类未公开购入量的信息一经披露，以上估算数据将有可能被修订。

自2010年各国央行成为年度净买家以来，购买黄金已经成为各国央行的“流行”举措。我们近期发布的年度央行黄金调查强调了央行持有黄金的两种关键动力：黄金在危机时期的出色表现，以及黄金作为长期价值储存手段的重要作用。在地缘政治形势恶化和通胀高企的一年里，各国央行选择快速增加黄金储备也就不足为奇了。2022年延续了2010年以来的趋势：在2022年的报告需求中，新兴市场央行占了大部分。

中国在2022年恢复黄金购入。根据中国人民银行的报告，自2019年9月以来首次增加黄金储备。11月和12月，中国人民银行宣布总计购入黄金62吨，黄金总储备首次突破2 000吨。不过，土耳其央行则报告了2022年最大的一笔购金交易。土耳其官方黄金储备增加了148吨，总量达到542吨，创下历史最高水平。②

从地区来看，中东地区是2022年最活跃的买家之一。埃及（47吨）、卡塔尔（35吨）、伊拉克（34吨）、阿拉伯联合酋长国（25吨）和阿曼（2吨）都显著增加了黄金储备。中亚国家的购金也维持在健康状态。乌兹别克斯坦央行在2022年初尚是黄金净卖家，到2022年底已成为净买家，其黄金储备增加了34吨。吉尔吉斯共和国（6吨）和塔吉克斯坦（4吨）也是引人注目的黄金买家。

2022年，印度储备银行依旧是黄金买家，年内共购入33吨黄金，相比2021年（购买77吨）下降了57%。为支持本国货币卢比，印度年内实施了外汇市场干预措施，导致外汇储

① 国家级总销售量和总购买量均以最新发布的国际货币基金组织 IFS 数据库以及撰写本报告时可用的各国央行数据为依据。这些数据可能与本报告公布的央行净需求数字不符，因为金属聚焦公司（Metals Focus）使用了其他信息来源以估算数值。

② 土耳其官方部门的黄金储备是中央银行持有的黄金和财政部持有的黄金之和。相当于黄金储备总额减去央行持有的与商业部门黄金政策相关的所有黄金，例如储备金期权机制（ROM）、抵押品、存款和掉期交易。有关此方法的信息，请查看链接 www.gold.org/download/file/16208/：Central-bank-stats-methodology-technical-adjustments.pdf。

备减少700亿美元，有可能使该行的购金活动受到影响。目前印度储备银行的黄金储备为787吨（占总储备的8%）。

在其他地区，厄瓜多尔（3吨）、捷克共和国（1吨）和塞尔维亚（1吨）同样值得关注。爱尔兰是唯一在年内增加黄金储备的发达经济体中央银行，第一季度该国央行共购入3吨黄金。

尽管采购量很大，2022年也出现了部分抛售。哈萨克斯坦国家银行是2022年最大的黄金卖家，其黄金持有量减少了51吨，至352吨（占总储备的58%）。哈萨克斯坦国家银行在彭博社发表的一份声明中表示，他们计划在2023年增加黄金销售量，而该行此前曾表示销售量有可能取决于市场状况。正如我们在早期报告中指出的那样，定期购买国内黄金的央行经常在买入和卖出之间摇摆不定。

作为正在实施中的铸币计划的一部分，德国黄金净抛售量达到4吨，其他超过1吨的卖家包括斯里兰卡（3吨）、波兰（2吨）、菲律宾（2吨）、蒙古国（2吨）、波斯尼亚和黑塞哥维那（1吨）、柬埔寨（1吨）和不丹（1吨）。

展望未来，我们几乎没有理由怀疑2023年各国央行将继续对黄金持积极态度，并继续净买入黄金，只不过具体的购买量仍然很难预测，我们在2022年初的预测就证明了这一点。但我们有理由相信，2023年的央行购金需求可能很难比肩2022年的水平。

## （四）科技用金

第四季度全球经济状况恶化，加之贸易限制和供应链问题，导致全年科技用金需求大幅下降。

★ 第三季度的疲软加上第四季度的显著降幅，导致科技用金年需求下降7%。

★ 通过7%的降幅可以窥见整个电子行业的不景气：由于全球经济形势和供应链挑战不断加深，电子产品需求在第四季度急剧下降。

★ 其他行业应用的用金需求与上年持平。

### 1. 电子行业

第四季度，电子行业使用的黄金为58吨，同比减少18%。这也是该行业自2009年以来最大的季度同比跌幅，主要原因在于电子行业正面临前所未有的多重挑战。智能手机的出货量也体现出电子行业的困境：相关报告显示，第四季度智能手机出货量同比减少17%，

2022年全年出货量下降11%。[①]

发光二极管（LED）行业的黄金需求下降。背光应用更是遭受重创，原因不仅在于消费者需求下降，还在于智能手机销量下滑导致背光应用产品库存激增，迫使制造商为减少庞大库存而削减订单。本季度个人电脑出货量减少28%，创下30年来最大降幅。[②]有报道称，以上因素相互叠加，导致制造商产能利用率降至70%以下，创下十年以来的新低。美国进口限制和房地产行业放缓抑制了高端家用电子产品的需求，使高端LED（如用于皮肤传感器、手表和手机心率跟踪器等医疗保健应用的UV LED和IR LED）的需求随之下降。汽车行业是在LED黄金需求上唯一可圈可点的部分，但据报道，微型LED（不需要使用金键合线）正在汽车行业得到认可，有可能在新车中得到广泛使用。

第四季度无线行业黄金需求同样显著下滑。智能手机需求疲软，加之美国对华为实施制裁，设备制造商功率放大器库存大幅增加，迫使制造商相应调整订单。据报道，以上因素叠加，导致WIN Semi和TSMC等主要芯片制造商的产品使用率下降。其他应用领域并未受到严重影响，包括低地球轨道卫星（LEOS）[③]和光探测与测距（LIDAR）[④]等应用。不过，这些产品仅占无线需求的一小部分，因此其相对强势并不能弥补整个消费电子产品市场的跌幅。好消息是，制造商预计将在2023年年中完成功率放大器库存调整，各类应用对高端无线芯片的长期需求也必然会刺激需求复苏。

第四季度，存储器行业黄金需求进一步下降。正如上文所述，PC和智能手机出货量疲软拖累存储器行业，迫使多家设备制造商减少库存。第四季度，加密市场受到危机冲击，导致加密挖矿应用进一步加速下滑，也给高端显卡需求带来压力。美光科技（Micron）和SK海力士（SK Hynix）等主要存储芯片制造商都减少了产量，推迟引入新技术。甚至有传言称，受美国制裁的影响，YMTC等存储芯片制造商有可能全面退出市场。[⑤]

---

① canalys.com/newsroom/global-smartphone-market-Q4-2022.

② www.gartner.com/en/newsroom/press-releases/2023-01-11-gartner-says-worldwide-pc-shipments-declined-28-percent-in-fourth- quarter-of-2022-and-16-percent-for-the-year.

③ LEO 卫星在相对靠近地球表面的旋转网络中运行，可以为偏远地区提供互联网信号。此类卫星需要可靠的高端无线基础设施。 www.weforum.org/agenda/2022/02/explainer-how-low-earth-orbit-satellite-technology-can-connect-the-unconnected/。

④ 激光雷达传感器（LIDAR）用激光照射物体，激光反弹后返回激光源，根据光脉冲往返时间计算距离。LIDAR 被广泛用于高端智能手机，对自动驾驶汽车的发展也非常重要。

⑤ www.theregister.com/2022/12/18/us_blacklist_spells_trouble/.

中国印刷电路板（PCB）行业使用的黄金量大幅减少，但其他地区略有增长。目前印刷电路板行业的整体产能利用率仍然较高，总体供需保持平衡。此外，汽车、航空航天和高速计算等领域的新兴应用也可能在2023年下半年为该领域的需求提供支持，并刺激需求复苏。

总之，电子行业即将迎来一段困难时期。11月，世界半导体贸易统计组织修订了预测数据，预计2023年全球半导体行业下降4.1%，原因是“通胀上升，终端市场需求减弱，特别是消费支出面临挑战的市场”。[①]考虑到消费者情绪疲软和供应链问题，分析师还下调了包括苹果在内的多家制造商的出货量预测。[②]

从整体上看，全球四大电子制造中心中有三个在第四季度黄金需求显著下降：中国（包括香港特别行政区）、韩国和日本的需求量分别为12吨（减少39%）、6吨（减少22%）和17吨（减少19%）。美国得益于国内产能扩张，且该国供应链在整个2022年都未受到新冠病毒疫情影响，推动美国电子制造行业的用金需求逆势增长，第四季度共计16吨，录得4%的增幅。

### 2. 其他工业和牙科用金需求

第四季度，其他工业应用的黄金使用量为12吨，同比减少5%。本次下降几乎完全归因于中国工业遭受的持续疫情影响。随着越来越多的品牌对前景持谨慎态度，意大利此前的小幅增长也于近日趋于停止。全年其他工业和牙科用金需求量为47吨，与上年持平。

在所有主要市场都出现进一步结构性下滑的背景下，牙科用金需求再次创下季度新低，第四季度同比下降11%，仅为两吨。年需求量为10吨，同比减少9%。

## 四、黄金供应

由于金矿产量和黄金回收量均取得温和增长，全球黄金总供应量同比增长2%。

★ 金矿年产量同比增长1%，但仍低于2018年的历史最高水平。

★ 2022年，全球黄金净套保总量为167吨，与上年近乎持平。

★ 2022年平均金价创下纪录，全年回收黄金供应量同比增长1%，但仍比2012年的历

① www.wsts.org/76/103/WSTS-Semiconductor-Market-Forecast-Fall-2022.

② www.cnbc.com/2022/12/07/iphone-shipments-for-q1-cut-by-another-3-million-units-morgan-stanley.html.

史最高水平低30%。

### （一）金矿供应

2022年第四季度全球金矿产量同比下降1%至930吨，成为2022年唯一出现同比降幅的季度。全年总产量为3 612吨，同比增长1%（见图5.7）。如今，中国金矿生产已经不受疫情和安全因素的影响，但产量增长仍然乏力，进一步印证了黄金产量已经接近平台期的观点。

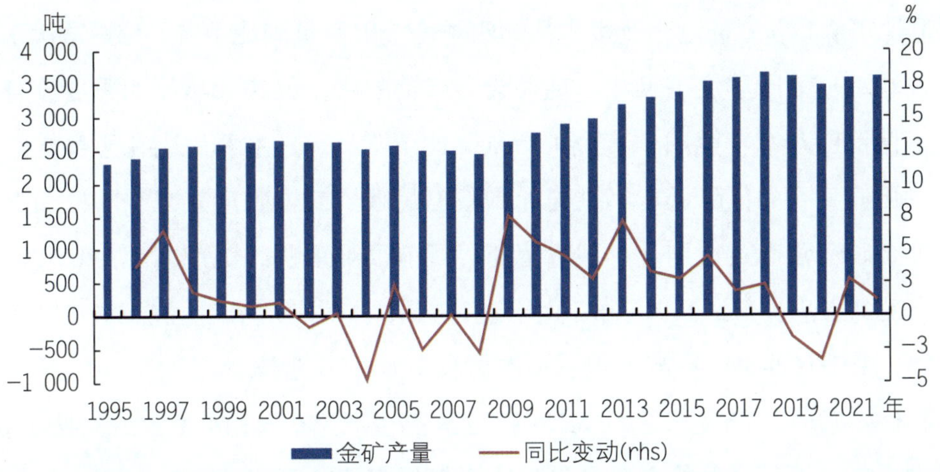


**图5.7　1995—2022年全球金矿产量**

（资料来源：金属聚焦公司，路孚特GFMS，世界黄金协会）

（注：数据截至2022年12月31日。全球金矿产量上升1%，但仍低于峰值）

2022年中国金矿产量共增加42吨（同比增长13%），总产量超过370吨。受罢工活动和国家供电问题影响，南非金矿产量减少了11吨（同比减少10%），至103吨；美国金矿产量因矿石品位低和运营等问题而减少11吨（同比减少6%），降至175吨；俄罗斯金矿产量因俄乌冲突减少27吨（同比减少8%），至304吨。中国金矿恢复生产，增量抵消了以上降幅。

从地区来看，受中国产量恢复的推动，2022年亚洲地区金矿产量增幅最大，同比增长11吨，而独联体的矿山产量同比减少10吨，中美洲和南美洲的产量同比减少9吨。

矿石品位和运营问题是金矿在第四季度面临的主要问题。中国报告称，2022年第四季度金矿产量同比增长9%。不过，这也将是最后一次由安全停产复工推动的同比增长。我们预计，随着中国加大环保执法力度，部分小型金矿区将被关闭，中国的金矿产量将在未来几年恢复小幅下降的趋势。2021年下半年，塔西亚斯特金矿因火灾停产。以此作为同比基础，毛里塔尼亚2022年第四季度金矿产量同比增长了4倍以上。加纳奥布阿西金矿产量增加，比比亚尼金矿恢复生产，推动加纳第四季度金矿产量同比增长12%。在马里，由于费科拉矿品位提高，金矿产量同比增长11%。

还有部分国家报告称第四季度金矿产量下降。墨西哥金矿产量同比下降10%，主要原因在于包括潘纳斯奎托矿和拉斯弗里奥矿在内的数处矿区品位降低。布基纳法索桑布拉多矿和埃萨卡纳矿矿石品位降低，加之塔帕科矿因安全问题停工，导致2022年第四季度该国金矿产量同比下降11%。哥伦比亚报告称第四季度金矿产量同比下降27%。这次下降的可能原因在于，2021年第四季度手工和小规模金矿产量激增，但2022年第四季度没有再次出现这种情况。俄罗斯2022年第四季度金矿产量同比下降10%，主要原因在于奥林匹亚达矿和布拉戈达特诺耶矿石品位降低，不过国际制裁也是俄罗斯金矿产量减少的原因之一。据报道，俄罗斯金矿运营商（特别是小型运营商）目前很难采购到试剂、配件和其他消耗品，使金矿生产受到影响。[①]还有报道称，由于进口受限，俄罗斯新矿区施工进度放缓，不过我们也注意到，受俄乌冲突的影响，俄罗斯的信息来源并不通畅。

俄罗斯七家新矿山（年总产能约为15吨）已开始生产。私人和小型矿山企业将为这些金矿的产量提供补充，但与当前的金矿产量相比，新增产能几乎可以忽略。不过，2023年可能会有更多新矿投入运营并扩大生产规模，应该足以抵消中国产量小幅下降和制裁给俄罗斯带来的综合影响。

根据最新可用数据，2022年第三季度黄金开采成本继续增加。[②]第三季度平均综合维持成本（AISC）达到1 289美元/盎司，同比增长14%，再次创下新高。整体通胀全方位推高金矿开采成本，燃料、能源、劳动力和消耗品成本均同比上涨，不过平均回收品位的增长（同比增长2%）在一定程度上抵消了这些上涨的成本。据我们估计，2022年第四季度黄金生产商利润率仍承受压力，不过本季度晚些时候的金价有所反弹，使综合维持成本（AISC）位于第90百分位的生产商恢复正常利润水平。

① 试剂是金矿生产中的重要组成部分。

② https：//www.gold.org/goldhub/data/aisc-gold.

## （二）生产者净对冲

2022年，经德尔塔调整的全球生产商净套保量几乎没有变化（减少2吨）。目前估计，第四季度完成了总量为5吨的适度套保交易，使下半年净套保量几乎与上半年持平。以本币计价的金价上涨有可能在年底引发更多套保交易，但只有在公司发布2022年第四季度业绩后才能确认这些交易。

## （三）回收金供应

喜忧参半的一年。2022年的回收金供应趋势喜忧参半。继上半年金价飙升后，回收金量同比增长6%；然而下半年金价下降，导致回收量同比减少4%。全年黄金回收量为1 144吨，同比增长1%（见图5.8）。

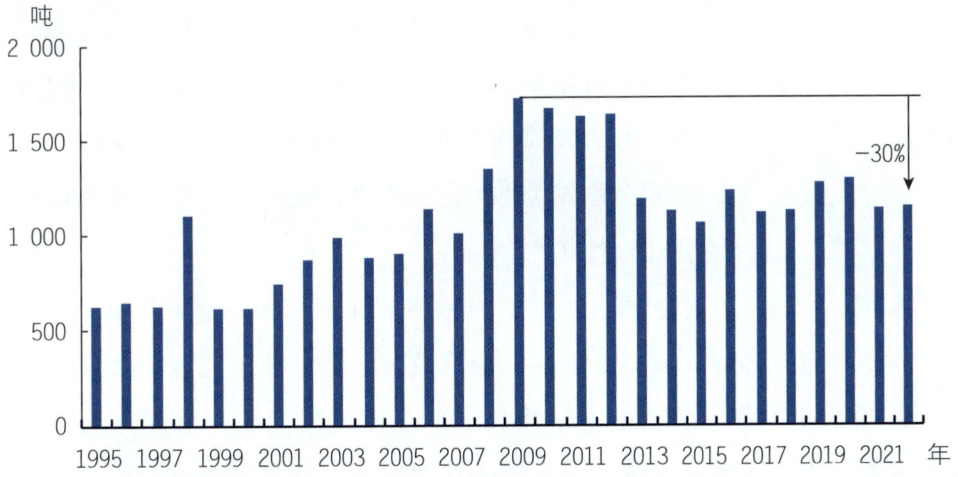


**图5.8　1995—2022年全球黄金回收量**

（资料来源：金属聚焦公司，路孚特GFMS，世界黄金协会）

（注：数据截至2022年12月31日。2022年回收量增长1%，但仍比历史最高水平低30%）

第四季度黄金价格为1 725.85美元/盎司，与上季度（1 728.91美元/盎司）基本持平，但第四季度黄金回收量仍比上季度增长了8%。回收量环比上升的主要原因在于印度回收量增加。值得注意的是，尽管2022年平均金价创下历史新高，但全年回收黄金供应量仍比2009年的历史纪录低30%。我们认为，回收供应量下降主要出于两个原因。第一，廉价抛售旧金饰的现象几乎没有出现，与国际金融危机和欧元区危机期间的情况形成鲜明对比。主要原因在于政府在疫情期间为消费者和企业提供广泛财政支持保护了就业，俄乌冲突后欧洲政府提供的能源补贴也使公众免受能源价格飙升的影响。第二，我们认为，距离上一次金价新高仅仅过去十年，消费者手中并没有积累过多的老旧和损坏金饰。

2022年第四季度，中东黄金回收量明显下降。如果刨除中东地区影响（中东地区回收量同比下降30%以上，季度环比下降近8%），全球黄金回收量增幅更大。中东回收供应减少主要受到两种因素的影响。第一，伊朗、土耳其与埃及政治和经济局势动荡，高通胀、货币疲软（包括实际和预期）叠加政治局势动荡，增加了黄金的吸引力。第二，碳氢化合物价格上涨也使中东大部分地区财富升值，尤以伊拉克为甚。中东各国（其中许多国家的本币与美元挂钩）的黄金回收供应都开始增加。

印度是2022年第四季度另一个值得关注的黄金回收市场，该国在本季度的回收量大幅增加。南亚地区（印度是该地区迄今为止最大的市场）黄金回收量同比增长近40%，季度环比增长约60%。成交量激增主要源于以印度卢比计价的平均金价上涨，截至12月，卢比金价季度环比上涨3%，接近当年高点，较第四季度低点上涨了10%。金价上涨产生了两种影响。首先，金价上涨进一步抑制了淡季时期的金饰需求；其次，金价上涨大幅减少了以旧换新的交易量，增加了直接销售旧金饰的交易量。

其他市场方面，欧洲的黄金回收量增加，主要原因在于欧元金价上涨（2022年第四季度同比上涨8%）。而在北美市场，由于本币金价没有上涨，导致黄金回收量同比下降。中国在2022年第四季度的黄金回收量有所增加，部分原因在于人民币金价上涨。有证据显示，部分出售者因为经济增长放缓而出售黄金换取现金。世界黄金协会认为，除中国部分地区外，大部分地区在2022年的黄金回收并未因疫情而受到严重影响。如今中国经济正在加速恢复，黄金消费市场回收量值得关注。除非2023年金价大幅上涨，否则2023年的回收量将有所下降。

| Chapter 1 |

# Shanghai Gold Exchange Market

[ Written by Shanghai Gold Exchange]

In 2022, SGE put the decisions of the People's Bank of China (PBC) into action and strengthened market supervision to maintain an orderly market.SGE markets recorded ¥17.04 trillion of trades during the year. This total included ¥5.30 trillion from the price matching market and ¥11.11 trillion from the price asking market. By metal type, gold trading stood at ¥15.18 trillion in turnover and 38 800 metric tons (mt) in volume; silver trading hit ¥1.83 trillion and 383 200 mt; and platinum trading ¥26.131 billion and 124.37 mt. SGE's international board market ("SGEI", "International Board" or "IB") posted a turnover of ¥2.09 trillion, composed of ¥0.84 trillion from price matching trades and ¥1.25 trillion from price asking trades.

## I. Market Summary

The market was overall robust in 2022, despite lower total trading volume compared with the year before. Gold and silver prices showed diverging trends, with the domestic-international price differential on gold remained overall stable outside brief periods of volatility due to swings in the exchange rate.

## (I) SGE Market

### 1. Overall stable market further dominated by gold products

In 2022, the SGE market recorded a total turnover of ¥17.04 trillion. Gold accounted for 89.11% of this total, a gain of 25.38 percentage points from the previous year; silver and platinum respectively accounted for 10.74% and 0.15% of the total. The International Board posted ¥2.09 trillion in turnover.

### 2. International price followed an N-shaped but mostly flat trajectory; domestic price rose slightly due to exchange rate changes

At end-2022, the international spot gold stood at $1 822.79/ozt, down 0.35% year-on-year (YoY). Under the combined influence of the RMB exchange rate and international gold price, SGE Au99.99 gold closed at ¥410.49/g, an increase of 9.80% from end-2021. The Ag (T+D) silver contract closed at ¥5 337.00/kg, rising 11.68% YoY. Pt99.95 platinum contract closed at ¥245.52/g, up 18.61% YoY (see Figure 1.1).

Figure 1.1 Domestic and International Gold Price Trends in 2022

### 3. Domestic-international spread fluctuated in line with the exchange rate but stayed overall stable

In 2022, the domestic-international spread for gold, silver, and platinum averaged ¥2.51/

g, ¥24.06/kg, and ¥9.68/g, respectively. In late August, the market's ability to keep the spread in check weakened as commercial banks slowed down their gold import, sending the gold spread to ¥10/g between September and October, before it fell back to the normal range of ¥3-4 yuan/g at the end of the year (see Figure 1.2).

Figure 1.2 Domestic Silver and Platinum Price Trends in 2022

## (II) Market Structure

In 2022, the market structure was similar to the year before with institutional trading gaining market share. The price matching market and benchmark price market also recovered.

### 1. Price asking market and benchmark price market saw significant growth

Price matching trades totaled ¥5.30 trillion and accounted for 31.11% of the SGE market. Price asking trades totaled ¥11.11 trillion, coming in at 65.21%. Benchmark price trades totaled ¥626.841 billion, representing 3.68% of the total.

### 2. Gold trading rose

Gold trading posted ¥15.18 trillion in turnover, up 16.04% compared with 2021. Silver finished the year at ¥1.83 trillion and platinum at ¥26.131 billion.

### 3. Products showed diverging trends due to supply-demand changes

Affected by reduced supply and demand for physicals in 2022, physical trades, including benchmark price trades, totaled ¥1.92 trillion. Trading in deferred products amounted to ¥4.00 trillion. Trading in price asking spot, forward, swap, and option products went up 38.75% to ¥11.11 trillion, with swaps accounting for a dominant share of the trades.

### 4. Gold leasing remained stable

The secondary market for gold ETF funds cooled down to 1 004.20 mt in trading volume and ¥353.032 billion in turnover. The gold leasing market remained stable, with commercial banks lent out 2 146.74 mt of gold, up 0.44% YoY.

### 5. International membership continued to expand

In 2022, the International Board posted a turnover of ¥2.09 trillion. This total consisted of ¥839.375 billion from price matching trades and ¥1 251.111 billion (+127.29%) from price asking trades. In 2022, SGEI welcomed five new international members as its membership continued to expand.

### 6. Clearing and delivery

Clearing and settlement remained safe and robust throughout the year. In 2022, SGE cleared ¥27.83 trillion of trades in gross amount, equaling a daily average of ¥115.015 billion. Net clearing totaled ¥4.54 trillion or ¥18.777 billion a day. Delivery, storage, and transportation have also been smooth and orderly. Gold load-out volume was 1 571.60 mt and load-in volume was 1 513.61 mt.

## (III) International Board Market

Challenges abound in 2022: a resurging pandemic, volatile economic and political environment, rising uncertainty in the financial market, and increasing risks in the gold market. Despite this, SGE—following the Xi Jinping Thought on Socialism with Chinese Characteristics for a New Era and putting the decisions of the PBC Head Office into action—were committed to optimizing the market structure, preventing systemic risks, and strengthening infrastructures, so as to transition the International Board to a new development paradigm with a dominant gold market, balanced price matching and price asking markets, and active participation by both domestic and international members, with a view to promoting the closer interaction and symbiosis between the domestic and international gold markets.

### 1. Steady increase in membership

SGEI welcomed five more international members in 2022 despite of the impact of the pandemic. By the year-end, SGE had 76 international customers and close to 100 international members. Representing 16 countries and regions, they include commercial banks, refineries, trading companies, brokers, and institutional investors. These latest additions speak to SGEI's improving market structure and rising market participation.

### 2. Smooth clearing processes

Smooth clearing processes at the International Board have made total volume of inter-regional and cross-border funds transfers foreseeable and risk of under-supervised funds flows between FTZ accounts and domestic accounts controllable. In 2022, SGEI cleared ¥129.294 billion of trades by net amount. As of the end of the year, it maintained 9 FT accounts and 1 dedicated overseas settlement account with 10 margin custodian banks, while international members have opened 201 FT accounts and 37 dedicated overseas settlement accounts.

### 3. Improving infrastructures

To further facilitate market access by overseas institutions, SGEI developed a scheme for the inclusion of their RMB settlement accounts into the dedicated settlement account system of the International Board, and removed the geographical restrictions of the FT accounts for trading at IB. FT accounts were also made available and promoted in Hainan and Guangdong. Furthermore, SGEI continued to add to or improve the existing infrastructures, strengthen risk management, optimize risk monitoring and reporting frameworks, and develop risk identification, assessment, early warning, and resolution measures to better prevent systemic financial risks. It has also enhanced the management of margin custodian banks and the settlement process to ensure smooth funds transfers even during emergencies.

### 4. Growing momentum

SGEI introduced many fee reduction measures to stimulate trading and stabilize operations and revenue. In particular, it offered international members preferential rates on the trading fees of price asking swap trades in order to a liquid inter-institutional market. It also provided reliefs to businesses to help them cope with and recover from the pandemic.

## II. Major International Markets

In 2022, trading volume generally retreated across the other major precious metal markets in the world (see Figure 1.3, Figure 1.4).

COMEX, part of the CME Group, remained the world's largest gold futures market despite a 7.17% decline in trading volume to 346 600 mt①. Its silver futures finished the year with 5 442 600 mt of trades, down 13.13% from the year before and ranking second in the world.

At TOCOM, gold futures recorded a volume of 15 400 mt,② a gain of 22.79% YoY, while silver futures volume fell 10.11% to 745.36 mt.

MCX of India registered 4 540.65 mt of gold futures trades③, down 20.24% YoY, and 502 100 mt of silver futures trade, a gain of 3.55%.

The Shanghai Futures Exchange recorded 78 000 mt of gold futures trades④, down 14.08% from the year before and ranking second in the world. Trading in silver futures slipped 18.44% to 5 663 100 mt, still ranking first in the world.

① Buy and sell sides aggregated. Source: Bloomberg.

② Buy and sell sides aggregated. Source: Bloomberg.

③ Buy and sell sides aggregated. Source: https://www.mcxindia.com/market-data/historical-data.

④ Buy and sell sides aggregated. Source: http://www.shfe.com.cn/statements/dataview.html?paramid=month.

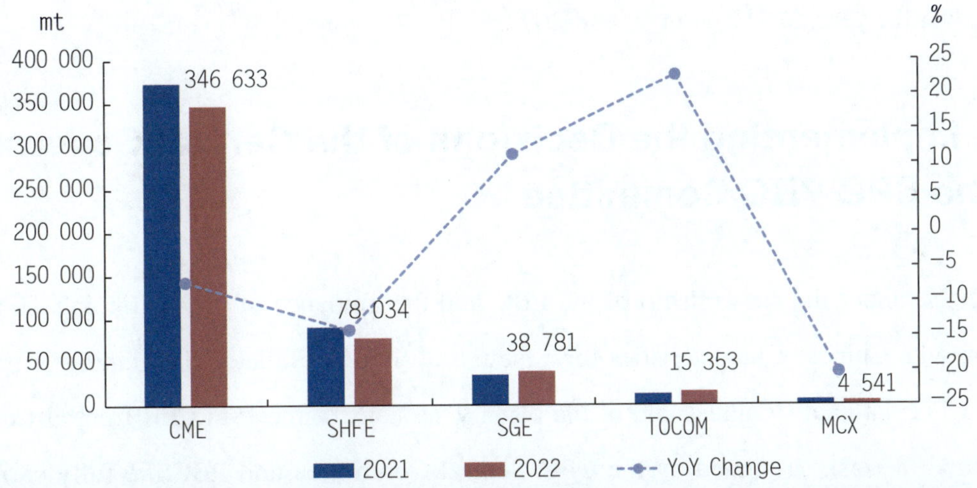


Figure 1.3 Gold Trading Volume at Major Exchanges

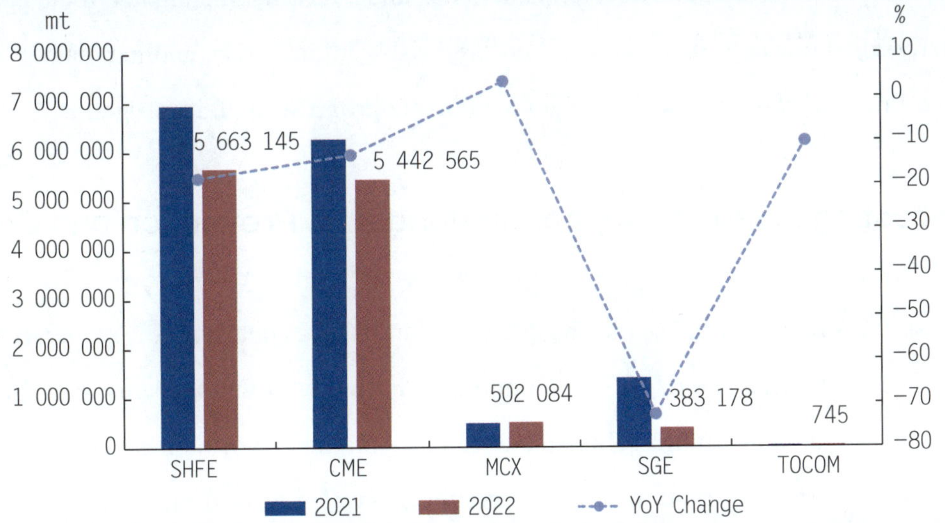


Figure 1.4 Silver Trading Volume at Major Exchanges

The London OTC market expanded but gold ETF funds shrank. In 2022, the London OTC gold market cleared 149 100 mt of trades in physicals valued at $8.61 trillion, up 11.71% and 11.62% YoY respectively. Gold ETF funds across the globe reduced their gold holdings by 110.40 mt to 3 472.50 mt.[①] Notably, SPDR, the largest among them, cut its gold holding by 58.02 mt

① Source: https://www.gold.org/goldhub/data/gold-etfs-holdings-and-flows.

(5.95%) over the year, to 917.64 mt at end-2022.

## III. Implementing the Decisions of the Central Government and the CPC PBC Committee

In 2022, under the stewardship of the PBC and the guidance of the Xi Jinping Thought on Socialism with Chinese Characteristics for a New Era, SGE assimilated the guiding principles of the 20th CPC National Congress and of the plenary sessions of the 19th CPC Central Committee and ensured the tasks assigned by the CPC Central Committee and PBC are fully carried out. Notably, SGE sought progresses while maintaining stability, continue to advance its market-oriented reforms and international development plans, and overcame the impact of the pandemic. It made orderly adjustments to its businesses, ensured risks did not arise, and maintained an orderly gold market throughout the pandemic, achieving notable progress in all its programs.

### (I) Boosting Financial Support in Pandemic Prevention and Control

A major COVID-19 outbreak hit Shanghai in March 2022, putting SGE's operations and its employees at serious risk. The CPC SGE Committee, in line with the pandemic control protocols of the PBC and Shanghai Municipality, made timely calls and thorough plans to achieve zero infection, zero business interruption, and zero computer system error during the lockdown period from March to June.

#### 1. Making early decisions and plans

SGE made an early call to seal its business premises starting from March 10. Members of the CPC SGE Committee, taking the leadership role in the frontline battle against the pandemic as expected of Party members, arranged key employees to remain on duty at the office, so that SGE market services and systems could stay up during the lockdown. When a full reopening was announced in early June, SGE promptly resumed its normal course of operations. And following the adjustment to the pandemic policies in the fourth quarter, SGE made thorough plans on employee rotations, employee health monitoring, and Covid-19 supplies in anticipation of a surge in infection rate.

### 2. Ensuring smooth and orderly market operations

During Shanghai's lockdown, the trading-related staff of the SGE stayed at the office for 76 consecutive days to ensure risks did not arise, market services and daily activities were not interrupted, and systems ran without fault. Their sacrifice allowed trading to continue smoothly and services to remain available, contributing to the overall anti-Covid program.

### 3. Helping members recover from the pandemic

SGE developed the *Measures on Supporting Market Participants in Areas Severely Affected by the Pandemic* to help members overcome hardship and resume operation. The annual member support measures, such as reduced trading fees for those affected, were put into place in the fourth quarter. SGE also continued to apply preferential rates to the various transaction fees in the price matching, price asking, and benchmark price markets, and waived the annual membership due for the pandemic-hit members in industrial sectors to help them bring down costs and increase profit margin.

## (II) Focusing on Development Tasks and Supporting Macro Policies

### 1. Improving market-making services

SGE continued to strengthen the management of market-making activities and stimulate two-way quoting by market makers to keep the market liquid and the price stable.

### 2. Strengthening the infrastructures of the International Board

SGE created a scheme for incorporating the Non-Resident Accounts (NRAs) of overseas institutions into its International Board's dedicated settlement account system and further expanded the scope of use of FT accounts, making it easier for overseas institutions to access China's gold market.

### 3. Expanding the applications of Shanghai Gold

SGE successfully listed CCP price asking contracts, which will promote the use of "Shanghai

Gold" prices in derivatives settlement and funnel more exchange-based trades to the online trading platform. The second wave of four Shanghai Gold ETFs were launched, broadening the range of ETF products in the market. Furthermore, SGE amended the memorandum of emergency resolution for gold ETFs to strengthen emergency response.

#### 4. Bolstering domestic-international cooperation

In 2022, SGE hosted a gold-themed session at the 4th Bund Summit, during which invited experts from major international markets and financial institutions discussed the prospect of the integrated development of the gold market. The event has helped boost international cooperation and understanding.

### (III) Enhancing Clearing and Delivery Services

#### 1. Encouraging green development

SGE further improved the delivery infrastructures, such as by designing smarter vaults to improve the efficiency of storage and transportation services. Through on-site visits and surveys, SGE encouraged its certified refiners to promote innovation and optimize processes in the areas of product quality, assaying methods, processes, and technologies, so that they can achieve sustainable, high-quality development and help the financial industry to better support green development.

#### 2. Relieving enterprises' supply-side pressure

On the basis of the PBC's *Interim Measures for the Administration of Gold Leasing* and the realities at the exchange, SGE developed the *Detailed Rules on Bullion Leasing of Shanghai Gold Exchange* and the *Internal Operational Procedures for Lending Transactions* to provide safe and efficient physical gold registration, custody, and transfer services to lenders and borrowers. SGE also further optimized its delivery and transportation network by setting up temporary platinum vaults in southwest China and Beijing to address the supply challenges faced by downstream enterprises during the pandemic.

### 3. Offering expedited margin services

SGE introduced a range of measures to ensure margin deposits and withdrawals remained readily accessible to members. Specifically, in addition to conducting clearing and settlement drills for various emergency scenarios and establishing long-term, hierarchy-based protocols, SGE has set up fast-track channels for margin services, through which more than ¥8.6 billion of margin has been deposited or withdrawn by members.

### 4. Enhancing margin safety

SGE's management framework now fully covered transition accounts, making margin management in the gold market safer and more effective. SGE also achieved interconnection with the unified registration system of the PBC Credit Reference Center for collateralization of movable properties, enabling the lookup, registration, and disclosure of gold inventories that are being used as margin, thereby better protecting the interest of market participants through greater information transparency.

### 5. Performing the duties of a qualifying central counterparty (CCP)

SGE continued to provide uninterrupted CCP clearing services to market participants. It has increased the frequency of preliminary clearing to provide greater assurance of contractual performance, reducing the occurrence of substantive involuntary default of members to zero. Moreover, SGE released, in both Chinese and English, the *Shanghai Gold Exchange Central Counterparty Clearing Services – Principles for Financial Market Infrastructures (PFMI) Disclosure Report* for the year 2022.

## (IV) Strengthening the Risk Prevention System

### 1. Improving risk management

SGE formulated the *Guidelines of Shanghai Gold Exchange on the Control of Key Risks* as part of its effort to improve its risk management protocols and review the potential risks of key transaction steps. With greater capabilities for quantitative risk analysis at its disposal, SGE has launched the quantitative assessment of its margin adjustment plans and enhanced risk monitoring in relation to key members and key transaction steps. Additionally, SGE remained ever vigilant regarding trading irregularities, performing thorough review of money laundering risks and duly assisting government initiatives to help maintain market integrity.

### 2. Enhancing emergency response

SGE made an overall plan for creating an information system for enterprise risk management and has been steadily bringing it to fruition. Its emergency response capability was also improved through streamlined information sharing procedures between its three "lines of defense" and a thorough review of its contingency plans and processes. Moreover, SGE continued to conduct annual drills on default resolution to provide more effective guarantee as a CCP for contractual performance. Two-dimensional liquidity stress tests were organized on a periodic basis to better prevent and resolve liquidity risks.

### 3. Bolstering member management

SGE updated its *Implementation Measures for Anti-Money Laundering and Counter-Terrorist Financing Programs of Members of the Shanghai Gold Exchange (Trial)* and the *Self-Discipline Guidelines for Members of the Shanghai Gold Exchange on Anti-Money Laundering, Counter-Terrorist Financing and Anti-Tax Evasion* to strengthen member management and its anti-money laundering (AML) program. It also provided guidance to members on identifying suspicious transactions, organized taxable entities to sign the self-regulatory undertaking for 2022, and advised taxpaying members on how to better prevent and control tax-related risks.

### 4. Raising risk awareness

SGE continued to help improve the public's risk awareness. For nine straight years, SGE took part in the "Financial Literacy Month" event under the guidance of the PBC Financial Consumer Protection Bureau. For the event, SGE had set up a booth to answer questions, distribute informational booklets, and analyze illustrative cases to spread financial knowledge and encourage the public to invest and make purchases rationally. SGE also went a step beyond by extending this month-long event into a quarter-long one and delivering a richer set of contents to improve investors' financial literacy and risk awareness.

### (V) Fulfilling Social Responsibilities

SGE compiled the *Social Responsibility Report of the Shanghai Gold Exchange* to fulfill its duties as a gold market infrastructure. It also contributed to the *2022 China Gold Industry Social Responsibility Report*, which showcased how the gold industry is supporting our community and was given a five-star rating from the China Expert Rating Committee on CSR Reporting. Together with the China Gold Association and World Gold Council, SGE authored and published the *2022 China Gold Industry's Contribution to Society* to advocate ESG and sustainable development and share ideas on how the industry could achieve green and low-carbon development and higher efficiency.

## IV. International Breakthroughs

### (I) Providing More Effective and Efficient Financial Services

To support China's Belt & Road Initiative, SGE continued to find new ways for the "Gold Road" project to contribute and to promote the sharing of gold-related resources, capital, and technologies among the Belt & Road markets. Notably, 2022 saw the successful completion of the first transaction under this project that took advantage of a Shanghai-based International Board vault. SGE also sought to develop more innovative transaction models under the project to expand its application in the Regional Comprehensive Economic Partnership (RCEP).

SGE hosted an online promotional event aimed at "Gold Road" markets, where close to 50 organizations—including domestic and overseas commercial banks, refiners, and jewelry companies—learned how they could take advantage the "Gold Road" project for gold processing and re-export. SGE employees also visited those Yunnan-based precious metals companies that participate in the project, to learn about their needs so that SGE's financial services can better empower industrial enterprises.

## (II) Developing More International Cooperation Models

SGE promoted various forms of interconnectivity with overseas central banks, market institutions, and financial infrastructures as well as institutions in RCEP countries. In particular, SGE continued to engage in discussion with Bursa Malaysia and other peer and market institutions in RCEP countries to explore more collaboration opportunities.

## (III) Promoting the International Board

SGE participated in the 2022 Hybrid Asia-Pacific Precious Metals Conference, during which it hosted the "Special Focus – China" forum themed on "Increasing Accessibility and Fungibility of Precious Metals". At the forum, SGE presented China's gold market to nearly 500 representatives from government agencies, financial institutions, and gold companies in Southeast Asia. SGE also organized an online orientation for international members to introduce its markets and services to 80 member representatives from countries and regions including Singapore, Turkey, and Japan, helping them better understand China's gold market and more effectively take advantage of the International Board.

| Chapter *2* |

# Shanghai Futures Exchange Market

[ Written by Shanghai Futures Exchange ]

In 2022, the Shanghai Futures Exchange (SHFE) navigated the disruptive changes of the world today under the leadership of the China Securities Regulatory Commission (CSRC). Prioritizing stability while pursuing progress, it has made the new development philosophy an organic part of its operations, strengthened front-line supervision, and actively improved the market ecosystem. It was committed to serving China's industries and providing the real economy with specialized risk management tools. Gold futures, a key product at SHFE, saw smooth trading in 2022 and provided businesses with a highly effective hedging tool.

## I. Overview of SHFE Gold Markets

### (I) Trading

In 2022, on a single-counted basis (i.e., buy or sell side only), 39 016 800 gold futures contracts, equaling approximately 39 000 metric tons of gold, were traded on SHFE, down 14.08% year-on-year (YoY). Turnover was ¥15.35 trillion, down 10.16% from 2021 (see Figure 2.1, Figure 2.2). The year's daily average volume was 161 200 contracts valued at ¥63.422 billion. Open interest finished the year at 263 100 contracts.

In SHFE's gold options market, 4 147 100 contracts were traded during the year, yielding a turnover of ¥14.286 billion. The year's daily average volume was 17 100 contracts valued at ¥59 million. Open interest was 40 100 contracts at the end of the year. The average daily options-to-underlying futures ratio was 10.61% by trading volume and 14.63% by open interest.

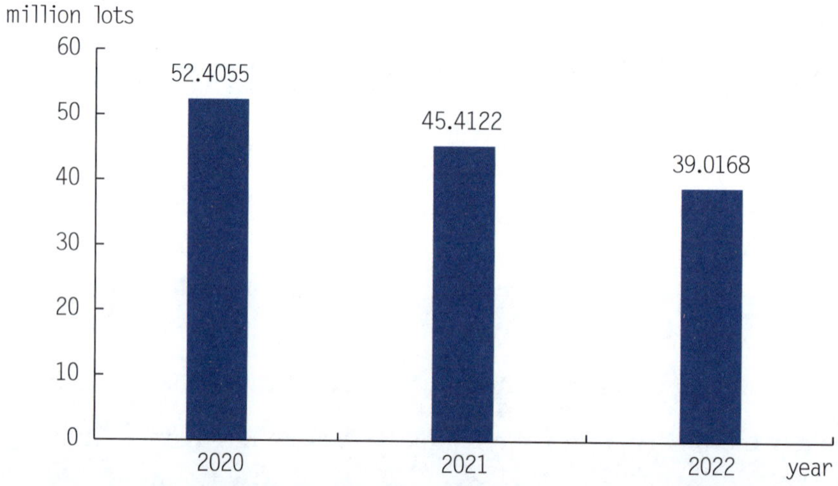


Figure 2.1 Trading Volume of SHFE Gold Futures in 2020–2022

(Source: SHFE, single-counted)

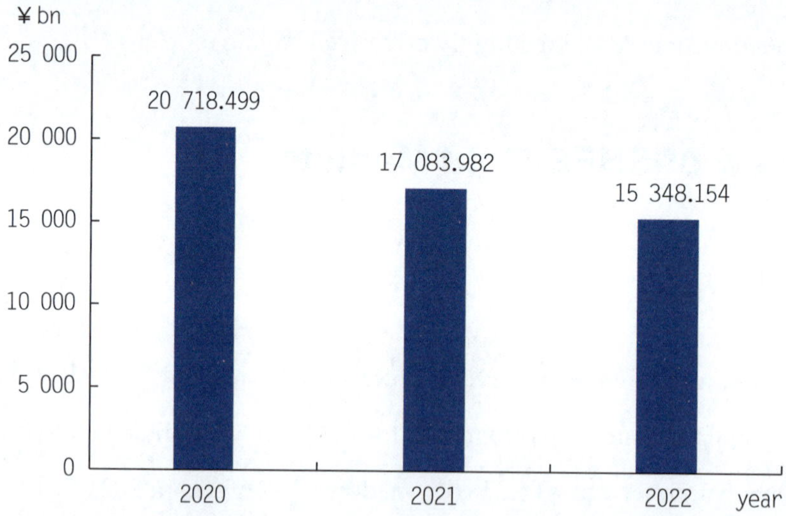


Figure 2.2 Turnover of SHFE Gold Futures in 2020–2022

(Source: SHFE, single-counted)

### 1. Monthly volume

In 2022, SHFE gold futures recorded a monthly average volume of 3 251 400 contracts (approx. 3 521.4 metric tons), 14.08% lower than the year before. The monthly volume was unevenly distributed in 2022, reaching a yearly high of 5 066 600 contracts in March (approx. 5 066.6 metric tons) and a yearly low of 2 085 800 contracts in October (approx. 2 085.8 metric tons) (see Figure 2.3).

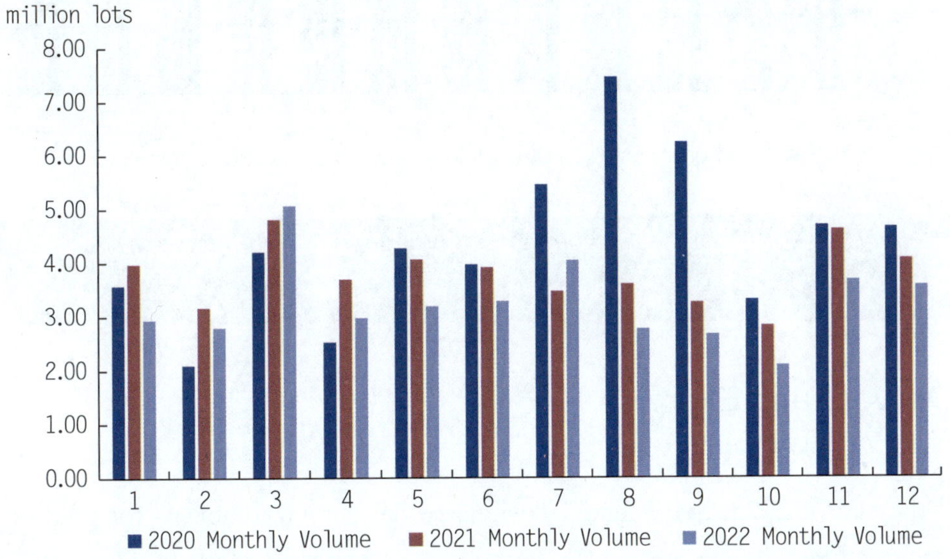


Figure 2.3 Monthly Volume of SHFE Gold Futures in 2020–2022

(Source: SHFE, single-counted)

### 2. Month-end open interest

SHFE gold futures' month-end open interest averaged 250 200 contracts (approx. 250 metric tons), up 20.19% YoY. Yearly high and yearly low were 309 800 contracts (November) and 177 400 contracts (January), respectively (see Figure 2.4).

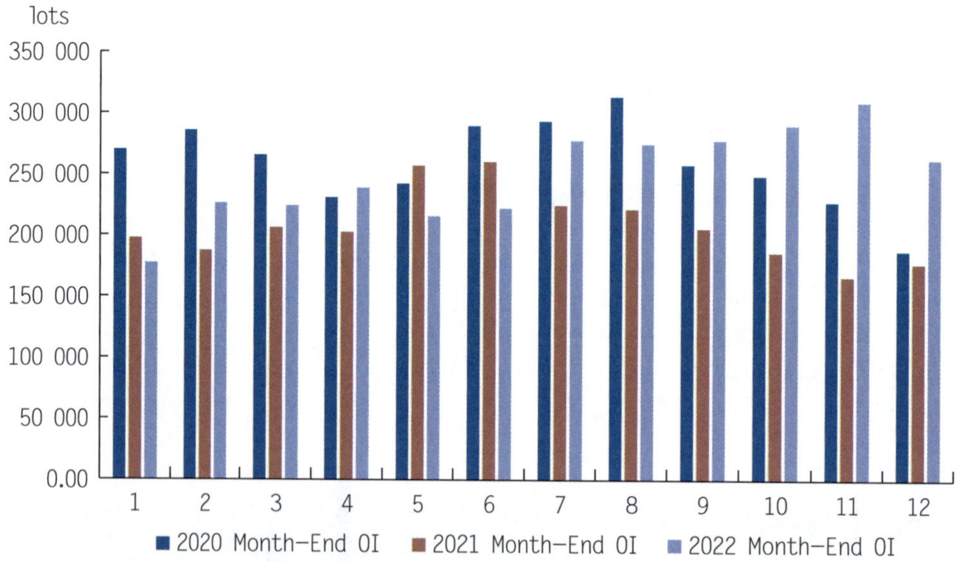


Figure 2.4 Month-End Open Interest of SHFE Gold Futures in 2020–2022

(Source: SHFE, single-counted)

## (II) Delivery and Exercise

As of the end of 2022, SHFE had 7 designated delivery warehouses for gold operated by the Industrial and Commercial Bank of China, Agricultural Bank of China, Bank of China, China Construction Bank, Bank of Communications, Shanghai Pudong Development Bank, and Shenzhen Vpower Finance Security Co., Ltd., which together supported 40 storage locations.

In 2022, gold futures delivery totaled 5 133 kg, down 0.70% YoY (see Figure 2.5). Monthly delivery volume averaged 427.75 kg; annual delivery ratio was 0.01%. Gold futures options saw 12 expiry dates in 2021; 15 260 contracts, of 622 option series, were exercised, nearly all of which were in-the-money.

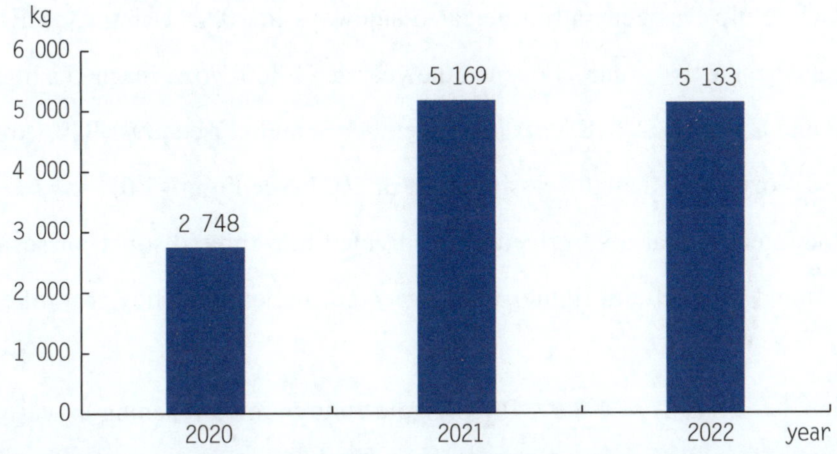


Figure 2.5 Delivery Volume of SHFE Gold Futures Contract 2020–2022

(Source: SHFE)

## II. Market Price

### (I) International gold futures pricing

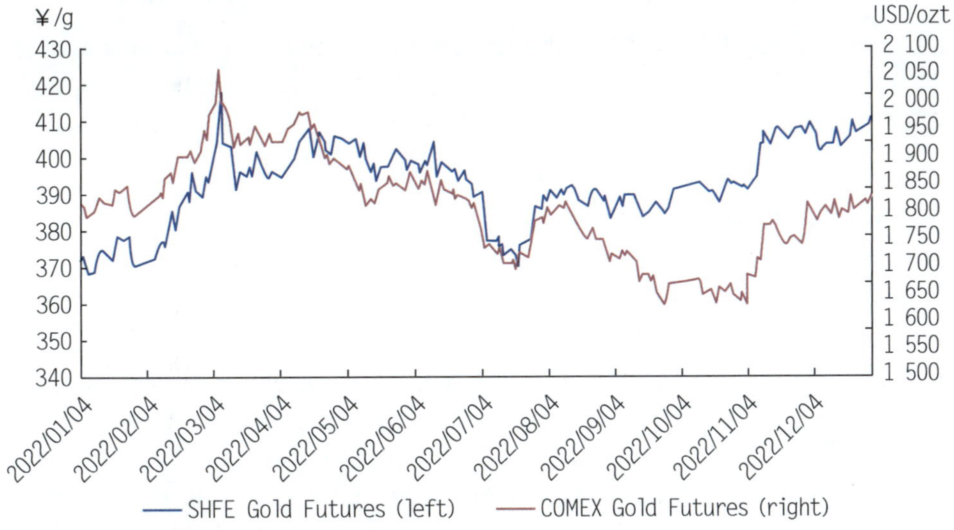


Figure 2.6 Domestic and International Gold Futures Prices in 2022

(Source: SHFE and Wind)

(Note:by closing price)

International gold prices generally fluctuated sideways in 2022. Using COMEX gold futures as an example, its most active contract opened the year at $1 830.1/ozt, reached a high of $2 078.8/ozt on March 8 and a low of $1 618.3/ozt on November 3, and closed at $1 830.1/ozt for the year. This was only $0.4/ozt lower than the closing price of 2021 (see Figure 2.6).

In 2022, the international gold price can be divided into three distinct phases due to factors such as international turmoil and tighter-than-expected monetary policy from the U.S. Federal Reserve.

Stage 1 (Jan 1 to Mar 8) saw the COMEX gold futures price reaching a yearly high of over $2 000/ozt as a result of the escalating Russia-Ukraine conflict as well as rising risk aversion triggered by Europe and America's sanctions against Russia.

Stage 2 (Mar 8 to Nov 3) was mostly shaped by the tightening monetary policies of the Fed. Specially, in response to the higher-than-expected inflation rate, the Fed accelerated its monetary tightening policy, raising the interest rate by 50 basis points rather than the 25 basis points in its earlier plan, followed by four straight 75 basis-point increase. Due to this pressure, gold price fell to the yearly low of $1 618.3/ozt.

In stage 3 (Nov 3 to Dec 31) the gold price rallied owing to America's rising unemployment rate in October, a declining CPI, and Fed chairman Jerome Powell's signal to slow down the rate hikes.

## (II) Domestic gold futures pricing

In 2022, the dominant SHFE gold futures contract opened at ¥374.02/g, peaked at ¥420.74/g on March 9, hit its lowest point of ¥368.48/g on January 10, and closed at ¥411.46/g, up ¥35.04/g (9.31%) from the end of 2021.

The price correlation coefficient in 2022 between SHFE gold futures and Shanghai Gold Exchange's (SGE) Au(T+D) contract was 0.997 5, showing an exceedingly strong correlation between spot and futures gold prices in China. Due to the influence of exchange rate and other factors, the price correlation coefficient between SHFE and COMEX gold futures was

0.339 6, below the levels seen in the previous years. The domestic spot-futures spread and domestic-international spread throughout 2022 is shown in Figure 2.7 and Figure 2.8.

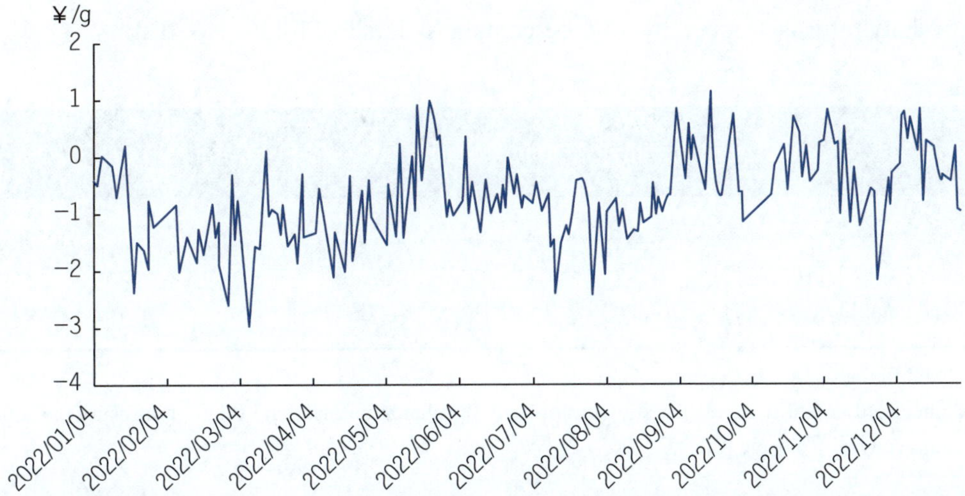


Figure 2.7 Spread between SHFE Gold Futures and SGE Au(T+D) in 2022

(Source: SHFE and Wind)

( Note: by closing price)

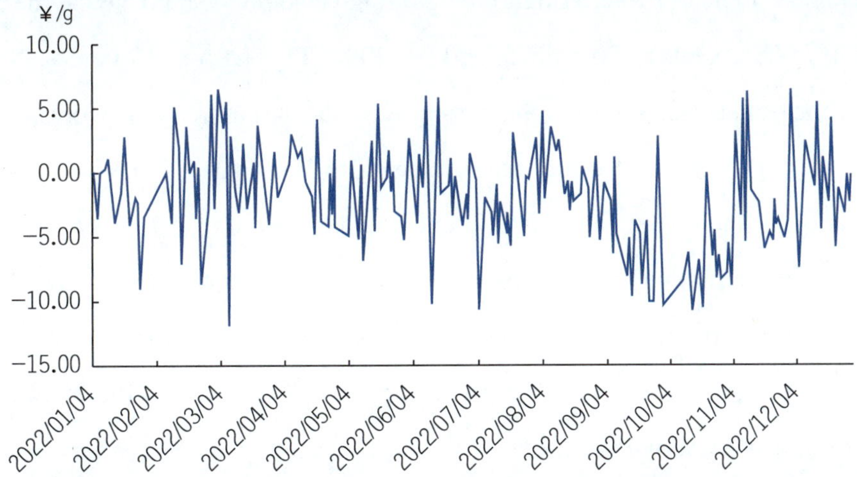


Figure 2.8 Spread between SHFE Gold Futures and COMEX Gold Futures in 2022

(Source: SHFE and Wind)

(Note: COMEX prices have been converted into Renminbi based on the official daily central parity rate. by closing price)

### (III) Price movement for gold futures

Gold futures price was slightly less volatile in 2022 than in the year before: the annualized volatility of daily returns dropped by 1.06 percentage points to 11.43% (see Table 2.1).

Table 2.1 Annualized Volatility of Daily Returns on Gold Futures in 2020–2022

| Year | 2020 | 2021 | 2022 |
| --- | --- | --- | --- |
| Annualized volatility | 18.32% | 12.49% | 11.43% |

Source: SHFE

Note: Annualized volatility is calculated by multiplying the standard deviation of daily returns by the square root of number of trading days, by closing price.

## III. Market Development

Confronting the disruptive changes in the world in 2022, SHFE took the country's fundamental interests to heart by adhering to the guiding principles established at the Sixth Plenary Session of the 19th CPC Central Committee and the 20th CPC National Congress. Notably, SHFE helped contain the pandemic, stabilize the economy, and maintain a safe working environment as directed by the CPC Central Committee. Ensuring full and strict Party self-governance and the implementation of the corrective actions identified during political inspections, SHFE and its employees have unified thinking, focused on the broader picture, and met pressures and challenges head on, to together prevent market risks, stabilize market growth, and foster market development. These collective efforts contributed to supply and price stability and a more robust market. In particular, SHFE took the following actions:

First, prioritizing market stability in market supervision and oversight. SHFE duly performed its frontline supervisory duties by closely monitoring the market and industry dynamics home and abroad and assessing the market risks. It then responded accordingly, strengthened the supervision of the relevant products, and enhanced its response to violations to prevent and defuse potential risks. As a result, the SHFE gold futures market remained stable throughout 2022, without any risk incident such as limit-locked market or client experiencing losses exceeding their margin balance.

Second, empowering market functions to help stabilize supply and prices. At CSRC's direction, SHFE assessed futures market participation among clients in the gold industry and compiled its findings into an evaluation report, leading to greater market engagement by gold companies. SHFE also supported industrial companies in managing risks, addressed their trading needs, and improved its services, including providing one-on-one assistance to industry leaders and encouraging them to hedge their risks through futures products. Furthermore, SHFE worked with stakeholders to further develop the market and manage expectations. Putting the public interest first and reaching out to as large an audience as possible, SHFE has organized various levels of industry service events, during which experts from industry associations, information service providers, and industrial companies shared their insights on topics such as the macroeconomy, industry policies, market rules, market trends, and hedging.

Third, pursuing high-quality development. SHFE improved its existing products and introduced new ones to support the real economy. It aligned with Shanghai's 14th Five-Year Plan for Building Shanghai into An International Financial Center, completed the tasks assigned by the CSRC, and made steady progress on opening its gold futures to international traders like a world-class exchange. SHFE optimized its gold futures rules in view of the problems identified and market realities. It has aimed to build a competitive gold futures market commensurate with the prevailing state of economic and financial development and risk management needs, to provide companies in the gold industry with effective price discovery and risk mitigation tools.

## IV. Future Plans

2023 is the starting year for putting the guiding principles of the 20th CPC National Congress into action, and for implementing the latest edition of SHFE's own three-year plan. In line with the guiding principles of the 20th CPC National Congress, the Central Economic Work Conference, and the 2023 CSRC Work Conference, SHFE will continue to pursue progress while ensuring stability, abide by its "institutional-building, non-intervention, zero tolerance" policy, and promote high-quality development through effective Party building programs, in order to build itself into a service-oriented, international, technology-driven, green, and modern exchange and support China's economic recovery.

Specifically, SHFE will (1) strengthen market self-regulation, adopt a holistic approach to national security, forestall systemic risks, and help build more secure and more resilient industries and supply chains; (2) develop a range of quality products, continue to make the market more accessible to international traders, and accelerate the internationalization of the gold futures; (3) more effectively serve the real economy, offer customized services to industrial clients such as industry leaders and listed companies, and further align the futures market with the real economy; (4) improve market operations and technical assurance, adopt innovative technologies, achieve breakthroughs in technology-powered supervision and the digitalization of internal management tasks, and reinvigorate itself by adopting the management methodologies of corporate groups; (5) continue to use Party-building programs to guide its own growth; duly assimilate and implement the directives of the 20th CPC National Congress and the Second Plenary Session of the 20th CPC Central Commission for Discipline Inspection; promote full and strict Party self-governance; and ensure political tasks take a central role, strengthen its unity and resolve with Party's innovative theories, and better integrate Party-building activities with its market development programs.

| Chapter 3 |

# Commercial Banks' Gold Businesses

[ Written by PBC Shanghai Head Office ]

In 2022, the gold business of commercial banks was overall stable. Their gold trading volume at the Shanghai Gold Exchange (SGE) totaled 32 500 metric tons (+21.1% YoY). Commercial banks traded 4,965 metric tons of gold in OTC markets (−9.5% YoY), and 20,137.02 metric tons of gold volume in overseas markets (−16.4% YoY).

## I. Gold Trading at SGE

In 2022, commercial banks traded 32 513.60 metric tons of gold at SGE (including both proprietary and brokerage trades), an increase of 21.1% from the year before and accounting for 83.8% of the total gold trading volume at SGE (see Figure 3.1). Proprietary trades amounted to 31 837.49 metric tons (+26.9% YoY). Brokerage trades for institutions totaled 507.93 metric tons (−36.8% YoY), and brokerage trades for individuals were 168.18 metric tons (−82.6% YoY).

By trading mode, commercial banks concluded 27 425.20 metric tons of price asking (OTC) gold trades (+34.6% YoY), 3 672.39 metric tons of price matching (auction) trades (−31.4% YoY), and 1 416.01 metric tons of benchmark price trades (+25.3% YoY).

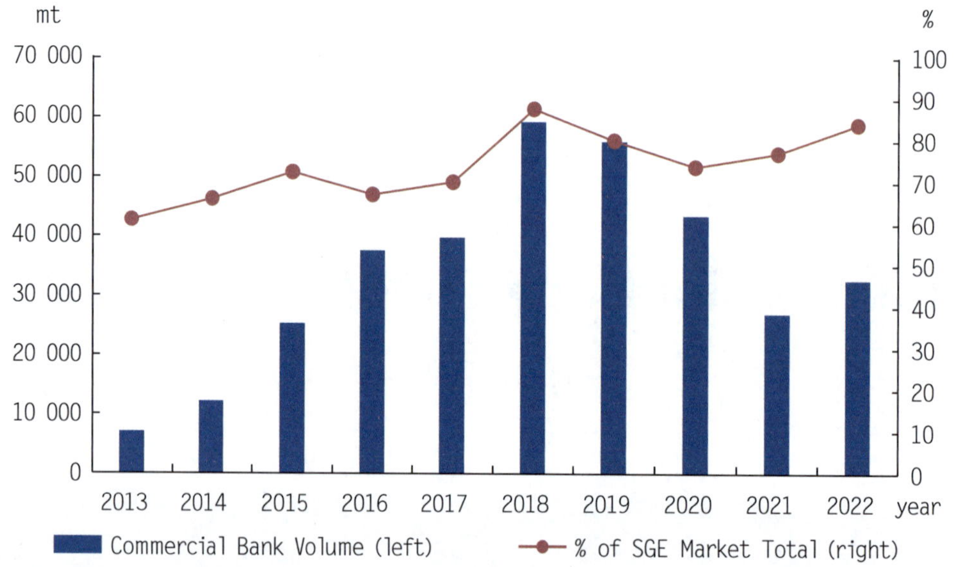


Figure 3.1 Total Gold Trading Volume of Commercial Banks at SGE and Market Share

(Source: Gold Market Trade Repository)

## II. OTC Gold Trading

In 2022, commercial banks traded 4 965.23 metric tons of gold in China's OTC markets, down 9.5% from the year before.

### (I) Paper gold

In 2022, commercial banks traded 528.28 metric tons of paper gold (buy and sell sides combined, –58.4% YoY) valued at ¥207.624 billion (–56.2% YoY) (see Figure 3.2). Among this total, 492.93 metric tons (–57.9% YoY) were attributed to RMB accounts and 35.35 metric tons (–63.5% YoY) were attributed to USD accounts.

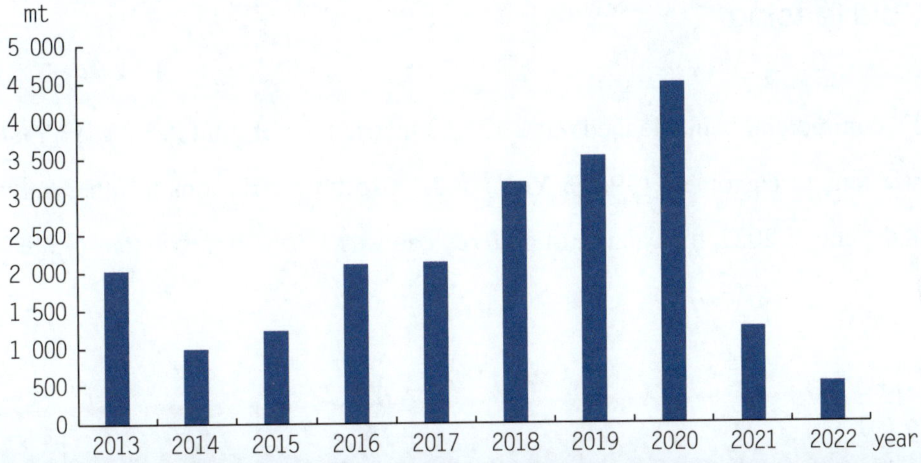


Figure 3.2 Paper Gold Trading Volume through Commercial Banks

(Source: Gold Market Trade Repository)

## (II) Physical gold

In 2022, commercial banks sold 336.93 metric tons of physical gold (+44.5% YoY), generating ¥134.5 billion of sales (+45.5% YoY) (see Figure 3.3). This total comprised 99.07 metric tons of house-brand products (+1.5% YoY), 22.57 metric tons of third-party products (−8.0% YoY), and 215.29 metric tons' worth of gold accumulation plans (including AIPs) (+93.7% YoY).

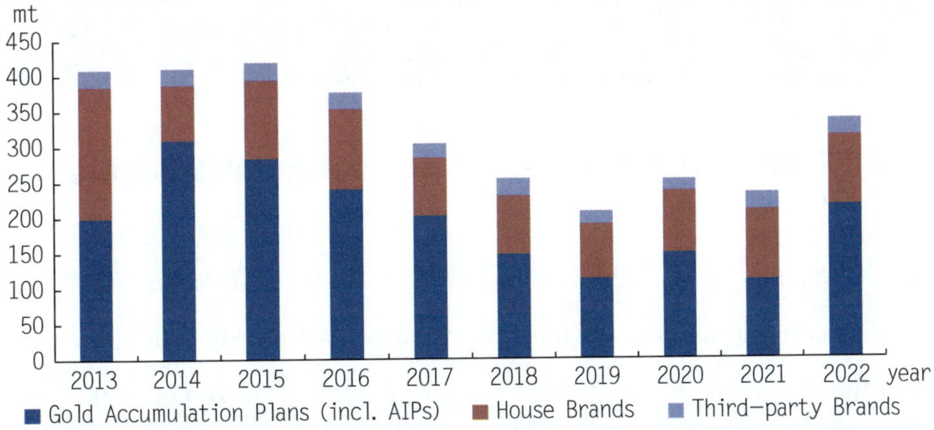


Figure 3.3 Physical Gold Sales Volume of Commercial Banks

(Source: Gold Market Trade Repository)

## (III) Gold leasing

In 2022, commercial banks loaned out 2 135.63 metric tons of gold (+5.2% YoY), comprising 519.83 metric tons to customers (–9.2% YoY) and 1 615.80 metric tons to other banks (+10.8% YoY). As of the end of 2022, the balance of gold on loan was 1 306.26 metric tons (–3.8% YoY) (see Figure 3.4).

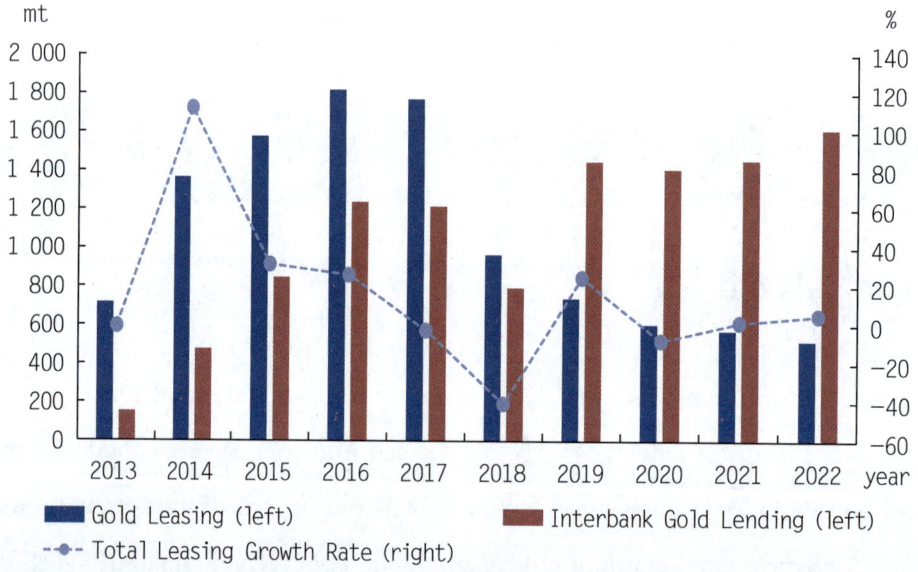


Figure 3.4 Gold Leasing and Lending Volume of Commercial Banks

(Source: Gold Market Trade Repository)

## (IV) Gold-linked wealth and asset management products

In 2022, commercial banks sold ¥2 983.615 billion (in notional value, +18.9% YoY) worth of gold-linked wealth and asset management products; at-maturity redemption amounted to ¥3 054.957 billion (+17.6% YoY). As of the end of 2022, gold-linked wealth management products had an outstanding balance of ¥354.383 billion, down 12.5% year-on-year.

### (V) Domestic gold derivatives

In 2022, commercial banks traded 1 733.41 metric tons of gold derivatives in the Chinese OTC markets (–6.8% YoY). By product classification, 444.63 metric tons were attributed to gold forwards (+21.5% YoY), 1 260.71 metric tons to gold swaps (−13.4% YoY), and 28.07 metric tons to gold options (–28.0% YoY). By currency structure, 325.34 metric tons were denominated in Renminbi (–24.5% YoY) and 1 408.07 metric tons in U.S. dollars (–1.5% YoY).

## III. Overseas Gold Trading Volume

In 2022, 27 commercial banks concluded 20 137.02 metric tons of gold transactions in overseas markets at a total notional value of $1 174.78 billion, a decrease of 16.4% and 15.8% year-on-year, respectively (see Figure 3.5). By product classification, foreign gold derivative products—gold swaps, forwards, options, and futures—accounted for 11 101.41 metric tons of volume or 55.1% of the total. Foreign gold spot transactions and foreign gold lending transactions accounted for 15.7% and 28.8%, respectively. The trading volume of other overseas gold businesses accounts for 0.4%.

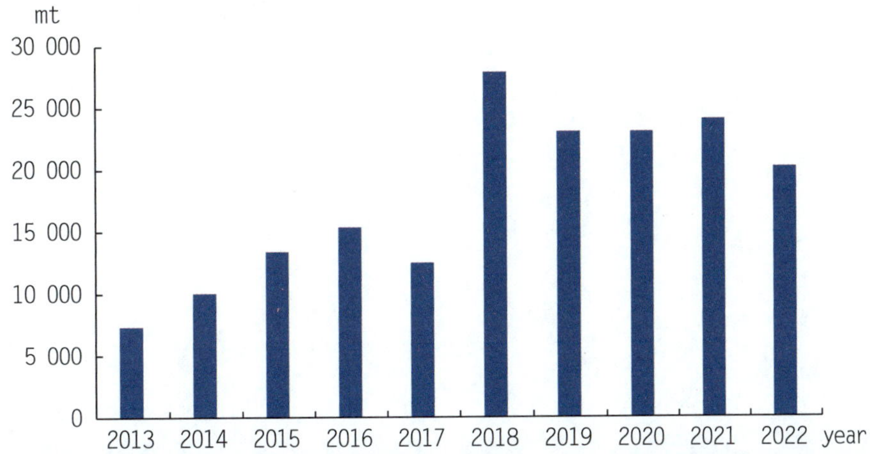


Figure 3.5 Overseas Gold Trading Volume of Commercial Banks

(Source: Gold Market Trade Repository)

| Chapter *4* |

# Gold Supply and Demand

[ Written by China Gold Association ]

In 2022, China's gold supply totaled 1 485.13 metric tons, a decrease of 20.04 metric tons, or 1.33%, compared with 2021. On a year-on-year basis, processed gold rose 12.24% to 497.83 metric tons, recycled gold grew 12.06% to 435.30 metric tons, and imported gold fell 18.00% to 552.00 metric tons (see Table 4.1).

Table 4.1 China's Gold Supply and Demand in 2022

| Item | 2022(mt) | 2021(mt) | % Change YoY |
|---|---|---|---|
| **I. Gold Supply** | | | |
| (1) Processed gold | 497.83 | 443.56 | 12.24 |
| (2) Recycled gold | 435.30 | 388.45 | 12.06 |
| (3) Imported gold | 552.00 | 673.16 | −18.00 |
| Total Supply | 1 485.13 | 1 505.17 | −1.33 |
| **II. Gold Demand** | | | |
| (1) Gold consumption | 1 001.74 | 1 120.90 | −10.63 |
| (2) Jewelry and product exports | 238.74 | 217.16 | 9.94 |
| (3) Investment demand | 214.05 | 292.81 | −26.90 |
| (4) Official net purchase | 62.21 | 0.00 | – |
| Total Demand | 1 516.74 | 1 630.87 | −7.00 |
| **III. Balance** | | | |
| New Inventory | −31.61 | −125.70 | – |

Source: China Gold Association.

In 2022, China's gold demand hit 1 516.74 metric tons, down 114.13 metric tons (–7.00%) compared with 2021. Of this total, consumption dropped 10.63% to 1 001.74 metric tons, gold jewelry and product exports rose 9.94% to 238.74 metric tons, investment needs shrank 26.90% to 214.05 metric tons, and official net purchase was 62.21 metric tons.

Taken together, China's gold inventory decreased by 31.61 metric tons in 2022.

# I. Gold Supply Structure

China's gold supply in 2022 was composed of 497.83 metric tons of processed gold, 435.30 metric tons of recycled gold, and 552.00 metric tons of imported gold, accounting for 33.52%, 29.31%, and 37.17% of the total, respectively (see Table 4.2). Imported gold remained the largest source of gold for China.

Table 4.2 China's Gold Supply Structure in 2022

| Category | 2022(mt) | 2021(mt) | Change YoY(mt) | % Change YoY | % of Total |
|---|---|---|---|---|---|
| Processed gold | 497.83 | 443.56 | 54.27 | 12.24 | 33.52 |
| Recycled gold | 435.30 | 388.45 | 46.85 | 12.06 | 29.31 |
| Imported gold | 552.00 | 673.16 | –121.16 | –18.00 | 37.17 |
| **Total** | **1 485.13** | **1 505.17** | **–20.04** | **–1.33** | **100.00** |

Source: China Gold Association.

## (I) Processed gold

China produced 497.83 metric tons of processed gold in 2022, up 12.24% compared with the year before. In particular, production from domestic raw materials grew 13.09% to 372.05 metric tons; output from imported raw materials rose 9.78% to 125.78 metric tons. Notably, the gold mines in Shandong Province emerged from the earlier accidents, with all major mines resuming their production to the pre-pandemic levels. The commissioning of new mines—the one at Yixingzhai in Shanxi, for example—and the expansion of existing mines also fueled the substantial increase in China's mineral gold production.

In 2022, the 5 largest gold-producing provinces in China (inclusive of production with imported raw materials) were Shandong (147.39 metric tons), Henan (89.15 metric tons), Jiangxi (55.53 metric tons), Gansu (39.55 metric tons), and Yunnan (31.39 metric tons). Their combined output stood at 363.00 metric tons, accounting for 72.92% of China's total (inclusive of production with imported raw materials), up 3.03 percentage points from the year before (see Figure 4.1).

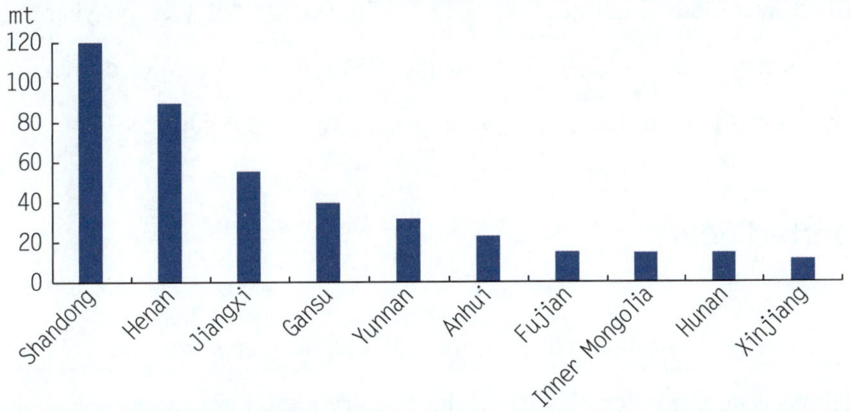


Figure 4.1 Processed Gold Output of Top Producing Provinces (Regions) in 2022

(Source: China Gold Association)

## Further reading

Based on the updated *Classifications for Mineral Resources and Mineral Reserves*, as of the end of 2021, China's gold resources stood at 15 750.51 metric tons, the second-largest in the world at 16% of the global total. Gold reserves amounted to 2 964.37 metric tons, ranking ninth in the world according to the data from the United States Geological Survey (USGS), or around the fifth place according to the data of China's own Ministry of Natural Resources.

As of 2021, three provinces had more than 1 000 metric tons of gold resources—Shandong, Tibet, and Gansu. Their gold resources amounted to 6 781.37 metric tons, or 43.05% of China's total; their gold reserves reached 1 255.52 metric tons, or 42.35% of the domestic total.

### (II) Recycled gold

In 2022 China recycled 435.30 metric tons of gold, up 12.06% year-on-year and representing 29.31% of the country's total supply. Due to the RMB exchange rate, domestic gold showed greater price resilience than international gold, encouraging gold repurchase.

### (III) Imported gold

Estimating from relevant data, China imported 552.00 metric tons of gold in 2022, sliding 18% from 2021 and accounting for 37.17% of the country's total gold supply. Despite a pandemic-induced decline, imported gold remained the largest source of gold supply for China.

## II. Gold Demand Structure

In 2022 China's gold demand fell 114.13 metric tons (−7.00% YoY) to 1 516.74 metric tons. At 66.05% of this total, gold consumption hit 1 001.74 metric tons, down 119.16 metric tons (−10.63% YoY) but still making China the world's largest gold consumer. Gold jewelry and product exports were at 238.74 metric tons, making up 15.74% of the domestic demand; investment demand was 214.05 metric tons, or 14.11% of the total; and official net purchase was 62.21 metric tons, accounting for 4.10% of the total (see Table 4.3).

Table 4.3 China's Gold Demand Structure in 2022

| Category | 2022(mt) | 2021(mt) | Change YoY(mt) | % Change YoY | % of Total |
|---|---|---|---|---|---|
| **I. Consumption** | 1 001.74 | 1 120.90 | −119.16 | −10.63 | 66.05 |
| 1. Jewelry | 654.32 | 711.29 | −56.97 | −8.01 | 43.14 |
| 2. Bars and coins | 258.94 | 312.86 | −53.92 | −17.23 | 17.07 |
| 3. Industries and other uses | 88.48 | 96.75 | −8.27 | −8.55 | 5.83 |
| **II. Jewelry and product exports** | 238.74 | 217.16 | 21.58 | 9.94 | 15.74 |
| **III. Investment demand** | 214.05 | 292.81 | −78.76 | −26.90 | 14.11 |
| 1. Gold ETFs | −23.86 | 14.38 | −38.24 | – | −1.57 |
| 2. Institutional flows and allocations | 237.91 | 278.43 | −40.52 | −14.55 | 15.69 |
| **IV. Official net purchase** | **62.21** | **0.00** | **62.21** | – | **4.10** |
| **Total** | **1 516.74** | **1 630.87** | **−114.13** | **−7.00** | **100.00** |

Source: China Gold Association.

## (I) Gold consumption

### 1. Jewelry

In 2022 gold consumption for jewelry products was 654.32 metric tons, down 56.97 metric tons or 8.01% from 2021, and accounting for 43.14% of the total demand. Owing to China's effective pandemic containment measures, consumer purchase of gold jewelries recovered strongly at the start of the year, but then fell by a notable margin with the sporadic Covid-19 outbreaks around the country. Nevertheless, production and sales by many key processors and national retail brands remained relatively stable, with the market showing an ever-increasing brand choice concentration.

### 2. Bars and coins

Consumption of gold bars and coins hit 258.94 metric tons in 2022, 53.92 metric tons (−17.23%) less than in 2021 and making up 17.07% of the total demand. Affected by the high domestic gold prices and exchange rate fluctuations, the demand for investment-grade gold bars shrank on the whole.

### 3. Industrial and other uses

In 2022 Chinese industries and other applications consumed 88.48 metric tons of gold, down 8.27 metric tons or 8.55% from 2021 and representing 5.83% of the country's total gold demand. This decline has been catalyzed by rising domestic gold prices and demand contraction.

## (II) Gold jewelry and product exports

Estimating from the customs data, China exported 238.74 metric tons of gold jewelry and products in 2022, up 21.58 metric tons (+9.94%) from the year before and accounting for 15.74% of the total domestic demand. This means the export volume has recovered to the pre-pandemic level.

## (III) Investment demand

### 1. Gold ETFs

High domestic gold prices in 2022 encouraged investors to cash in on their holdings. In particular, domestic gold ETFs cut holdings by 23.86 metric tons during the year. As of the end of the year, they were holding approximately 51.42 metric tons of gold.

### 2. Institutional flows and allocations

In 2022 institutional demand for gold, for inventory shifts and allocations, was 237.91 metric tons, a decrease of 40.52 metric tons or 14.55% compared with 2021, and constituting 15.69% of the total demand.

## (IV) Official net purchase

In 2022, many central banks chose to diversify their foreign reserves by sustaining an annual net purchase of gold. The People's Bank of China increased its gold holdings in November and December, adding 62.21 metric tons of reserves. At the end of 2022, China's gold reserves stood at 2 010.53 metric tons.

## | Chapter 5 |

# International Market

[ Written by World Gold Council ]

## I. Global Gold Market Summary

Colossal central bank purchases, aided by vigorous retail investor buying and slower ETF outflows, lifted annual demand to an 11-year high (see Figure 5.1).

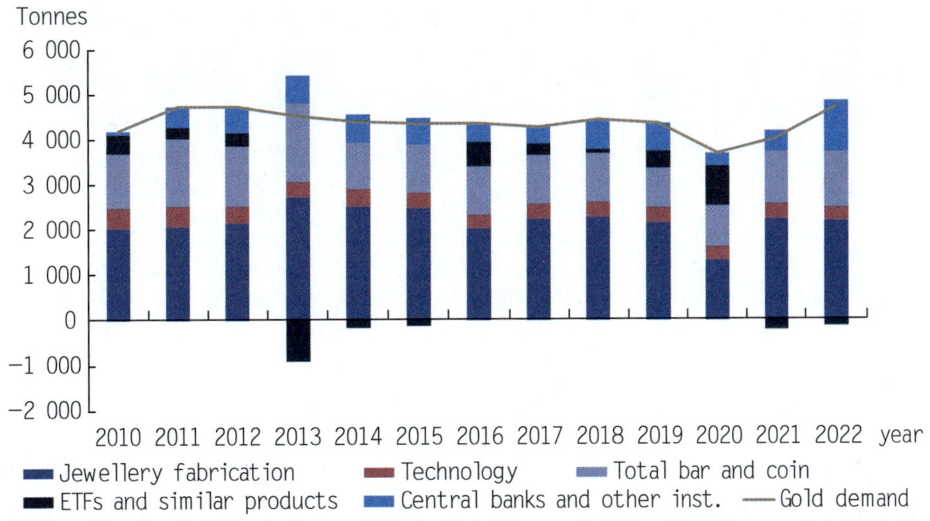


Figure 5.1 Global Gold Demand in 2022

(Source: Metals Focus, World Gold Council)

(Note:Data to 31 December 2022. 2022 gold demand almost matched the 2011 record)

## (I) Highlights

★ Annual gold demand (excluding OTC) jumped 18% to 4 741t, almost on a par with 2011 – a time of exceptional investment demand. The strong full-year total was aided by record Q4 demand of 1 337t.

★ Jewellery consumption softened a fraction in 2022, down by 3% at 2 086t. Much of the weakness came through in the fourth quarter as the gold price surged.

★ Investment demand (excluding OTC) reached 1,107t (+10%) in 2022. Demand for gold bars and coins grew 2% to 1 217, while holdings of gold ETFs fell by a smaller amount than in 2021 (−110t vs. −189t), which further contributed to total investment growth. Quarterly fluctuations in OTC demand largely netted out over the year.

★ A second consecutive quarter of huge central bank demand (417t) took annual buying in the sector to a 55-year high of 1 136t, the majority of which was unreported.

★ Demand for gold in technology saw a sharp Q4 drop, resulting in a full-year decline of 7%. Deteriorating global economic conditions hampered demand for consumer electronics.

★ Total annual gold supply increased by 2% in 2022, to 4 755t. Mine production inched up to a four-year high of 3 612t.

## (II) Outlook

**Trading places: ETF and OTC demand to take the baton from bar and coin in 2023 (see Figure 5.2).**

★ Investment is expected to rise in 2023. Gold ETF and OTC demand – depressed during 2022 – looks set to take the baton held by last year's strong retail bar and coin demand. Retail investment will likely be lower in Western markets, albeit still healthy, as inflation fears fade, but should be robust in Asia on higher growth. However, elevated recession and geopolitical risks will likely sustain interest in gold and present upside potential as the year progresses.

★ Central bank buying is unlikely to match 2022 levels. Lower total reserves may constrain the capacity to add to existing allocations. But lagged reporting by some central banks means that we need to apply a high degree of uncertainty to our expectations, predominantly to the upside.

★ We expect jewellery demand to improve further on a resilient 2022, but caution that strong base effects in Chinese demand could be undermined if a more severe global slowdown drags down demand elsewhere. China's re-opening and flexible controls, with its pent-up and growth-driven demand for jewellery, will inject welcome momentum, although recurrent COVID spikes are a potential headwind. A sluggish start to the year for Indian demand could persist if local prices remain elevated.

★ Total supply is expected to rise modestly again in 2023 as expansion at existing operations provides a production uplift. Recycling is expected to fall but upside risks can't be ruled out as inflation falls in Western markets and the spectre of recession-driven distress selling rears its head.

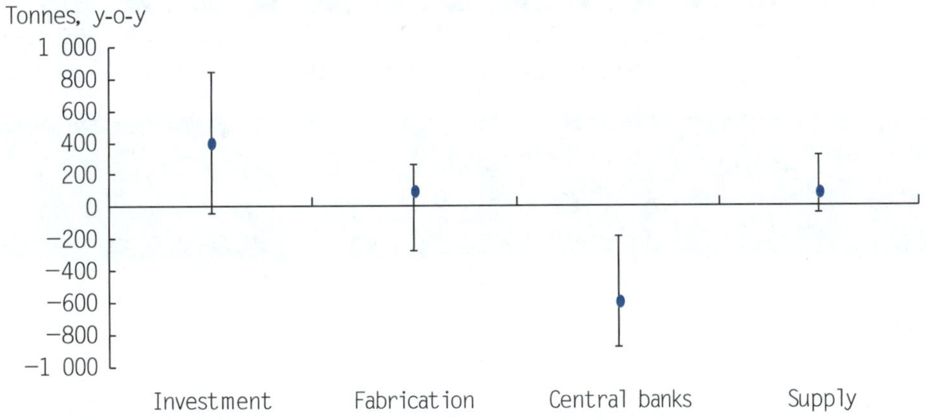


Figure 5.2 Expected change in annual demand, 2023 vs 2022

(Source: World Gold Council)

(Note:Data to 31 December 2022. Fabrication combines global jewellery and technology demand. Investment includes ETFs, bar and coin and OTC demand. Supply includes mine production and recycling. We have omitted hedging and assume it will be unchanged)

## II. Jewellery

**Weakened by COVID disruptions, China weighed on global jewellery demand in 2022 (see Figure 5.3).**

★ Total annual jewellery demand saw a modest decline, 3% lower at 2 086t.

★ Steep declines in Chinese demand throughout the year had an outsized impact on the world total.

★ Global Q4 demand was down 13% y-o-y, a fall that was partly explained by the very high base of Q4'21 demand.

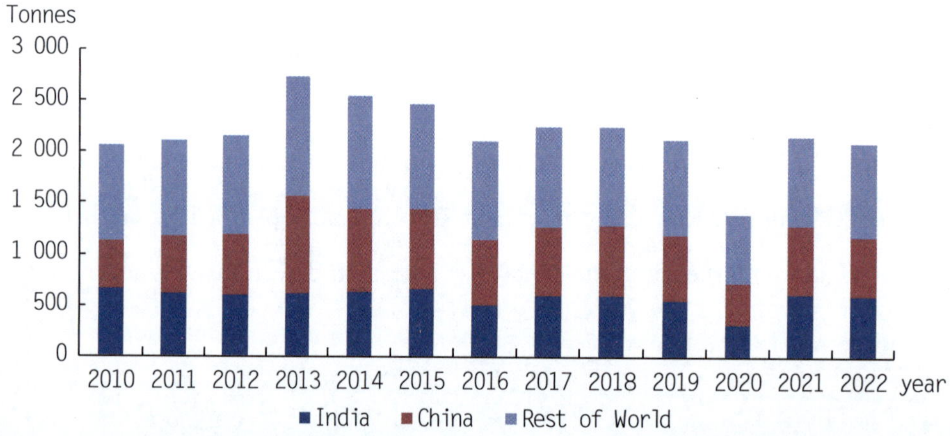


Figure 5.3 Global Jewellery Demand and Total Value from 2010 to 2022

(Source: Metals Focus, World Gold Council)

(Note:Data to 31 December 2022. Global jewellery demand: resilient in the face of China's slowdown)

## (I) China

China's gold jewellery demand declines in 2022. Annual demand was affected throughout much of the year by the COVID pandemic. The 10% rise in the local gold price during the year also weighed on gold jewellery consumption. Q4 demand saw a 24% y-o-y decline to 127t – the weakest Q4 since 2009.China's economy was hammered by these COVID-related disruptions, which resulted in the country's lowest Q4 income growth since 2003.

Notwithstanding the relative weakness of demand in China, interesting consumer trends were noted. Investment motives were a prominent driver of gold jewellery purchases as the need for value preservation intensified given COVID-related uncertainties and a weak RMB. As a result, quasi-investment 24k gold jewellery products with high pricing transparency and low labour charges gained in popularity.

Meanwhile, premium products including Heritage Gold jewellery continued to expand their market share. While the creative designs of these products attracted consumer attention, their lucrative margins also motivated the sales efforts of jewellery retailers.

Looking to the year ahead, we expect China's gold jewellery demand to gradually pick up. China's 2023 GDP growth is likely to recover, which should spell an improvement in gold jewellery demand. But there are reasons for caution in our outlook. And news that the Chinese population shrank by 850 000 last year could represent a longer-term challenge for the industry.

## (II) India

A 2% decline in 2022 gold jewellery demand in India belies a strong absolute annual total. At 600t, demand was in line with the annual average over the 10-year period preceding COVID, despite high/rising local gold prices being a key headwind at times during the year. Q4 demand fell 17% y-o-y, but this apparent large decline is set against Q4'21's record high level; quarterly demand of 220t was the fourth-highest quarter in our series back to 2000.

Q4 demand was exceptionally strong during the festive period in the first half of the quarter. Discussions with the trade revealed that sales during this period were around 20% higher y-o-y, indicative of very strong sentiment, particularly when we consider that last year's festival demand was robust. Jewellery demand also received a boost from wedding purchases during the quarter.

The outlook for the first quarter in India is mixed. A higher number of auspicious wedding days in Q1 2023 (28 in Q1 this year vs 11 in Q1 2022) should be positive for demand, as should higher market prices of primary Kharif crops. Demand will, however, continue to face headwinds from the higher domestic gold price and persistently high rural inflation.

## (III) Middle East and Turkey

Regional jewellery demand in the Middle East was 15% higher in 2022 at 190t. Sizable gains in the UAE and Saudi Arabia were key contributors to the regional performance. But momentum slowed in the fourth quarter, largely in response to the high and rising gold rice.

Annual jewellery demand in Turkey climbed 8%, recovering to pre-pandemic levels at 37t. Q4 demand jumped 32% y-o-y to 10t, adding to the strong Q3 total and generating the highest H2 total since 2017. Despite the rise in the local gold price during Q4, soaring consumer inflation brought the investment motive to the fore. This is reflected in the strength of plain gold jewellery pieces, while diamond jewellery demand remained weak.

## (Ⅳ) US and Europe

US jewellery demand in 2022 was healthy at 144t, despite a 4% decline. Much of the y-o-y drop came through in the second half, and was partly due to the continued effect of the removal of government support packages and the shift in consumer spending away from luxury goods towards services. The growing threat of domestic recession was also increasingly evident in Q4, reflected in the 5% y-o-y decline to 51t.

However, demand in 2022 still held above pre-pandemic levels and y-o-y comparisons are against the very strong volumes of 2021. The solid US jobs market was a supportive factor, while Christmas gifting helped lift Q4 demand.

European jewellery consumption gained 4% to 71t in 2022, almost recovering to pre-pandemic levels. Q4 demand slipped 5% y-o-y to 31t, bringing to an end the preceding six quarters of growth. However, much of the decline was due to steep losses in the UK, where the underperforming economy exacerbated the impact of the cost of living crisis.

## (Ⅴ) ASEAN markets

Jewellery demand in 2022 increased in almost all South East Asian markets. Vietnam led the way with a 51% increase, taking annual demand to a four-year high of 18t. Several factors had an impact, including a slight drop in local gold prices in Q4; rising income levels as salary cuts were restored; and strengthening consumer confidence on the back of robust GDP growth.

In Thailand, y-o-y jewellery consumption increased by 17% to more than 9t. Annual demand remained relatively muted in comparison with pre-COVID levels, although quarterly demand compared more positively. Q4 posted an eighth consecutive y-o-y rise to almost 3t (+15%) – the highest total since Q4 2019. Overall, demand has continued to benefit from the reopening of the economy and the recovery in tourism. Furthermore, the drop in local gold prices in September and October encouraged gold jewellery retailers to replenish stocks ahead of the bridal season and year-end festivities.

Indonesia, South East Asia's largest jewellery market, saw a modest y-o-y growth in jewellery demand of 5%, taking 2022 demand to 28t. Although consumer sentiment has improved, rising inflation dented consumer spending somewhat.

## (Ⅵ) Rest of Asia

Annual jewellery consumption in Japan was virtually unchanged at 15t in 2022. Q4 demand was down 15% y-o-y to 4t from Q4'21's robust 5t. Rising local gold prices and a return to inflation will likely have dented consumer sentiment. Although demand in Japan has recovered from the very weak COVID-hit 2020, it has yet to regain the 16-17t annual range that was typical before the pandemic.

In South Korea, annual gold jewellery demand was down 18%, taking 2022 jewellery consumption to 15t. Consumption was affected by the worse-than-expected economic slowdown. Jewellery demand lost momentum as consumers cut back on luxuries in an environment of deteriorating household incomes and elevated debt.

## (Ⅶ) Australia

The 30% growth in Australia's annual jewellery demand was partly due to base effects: demand in 2021 was very weak thanks to strict COVID restrictions at that time. Nonetheless, annual demand was healthy at 11t, aided by a 22% y-o-y rise in Q4 demand to more than 3t.

## III. Investment

**Total annual investment rose 10% on buoyant bar and coin demand and a slowdown in net ETF selling.**

★ Global bar and coin demand improved on the already healthy 2021 total, gaining 2% to 1 217t.

★ Despite Q1 gains, gold ETF holdings fell by 110t in 2022 but this was significantly lower than the 189t of net selling seen in 2021[①].

★ Total annual investment increased 10% to 1 107t.

### (I) ETFs

Holdings of physically-backed gold ETFs declined by 110t (–3%) in 2022, to 3 473t (AUM of US$203bn) equivalent to outflows of US$3bn (see Figure 5.4).

Funds listed in North America saw the biggest fall in demand. North American fund holdings registered a decline of 75t (US$3bn) during the year, led primarily by the two largest and most liquid funds.[②]

European funds dipped into negative territory towards year-end. In Europe, y-t-d gold ETF demand remained positive until November but ultimately ended 1% lower (-15t, US$943mn) y-o-y.[③] The relative resilience of European ETF demand is likely due to closer proximity to the Russia-Ukraine war driving safe-haven flows, and deeper concerns over the outlook for the region's economic growth.

① Please note that as of January 2023, we have implemented a change to our gold ETF methodology that allows us more accurately to measure demand for these products. To find out more about this new approach, please see our ETF methodology note.

② https://www.gold.org/goldhub/research/gold-etfs-holdings-and-flows/2023/01.

③ Though the tonnage demand change is negative, the fund flow – representing the amount of money (in USD) that investors have put into (or retrieved from) a fund during a given period – is positive owing a higher gold price at the time of inflows (compared to a lower gold price at the time of outflows) during the year. For more information, please see our ETF methodology note.

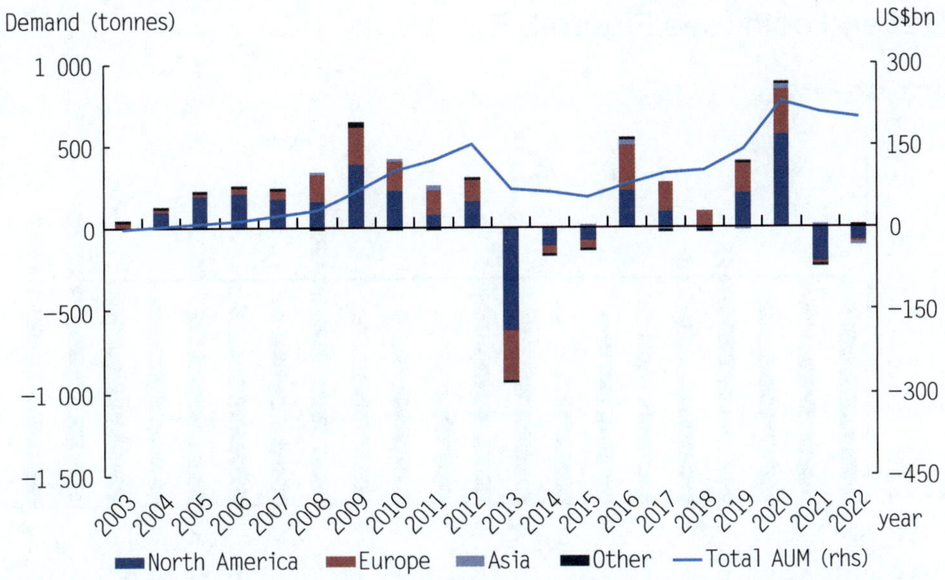


Figure 5.4 Global Gold ETF Demand from 2003 to 2022

(Source: Bloomberg, Company Filings, ICE Benchmark Administration, World Gold Council)

(Note:Data to 31 December 2022. 2022 saw a more moderate decline in holdings than 2021)

China led the fall in demand for gold ETFs listed in Asia. Asian-listed funds saw net negative demand of 21t in 2022 as a substantial fall in Chinese funds' gold holdings was partially offset by demand for Japanese and Indian funds. Asian funds did not experience the same Q1 surge of demand as North America and Europe, as instead higher local gold prices incentivised profit-taking. This was particularly evident in China, where investors adopted a more tactical approach throughout much of 2022. Funds in Other regions saw a fractional rise of 0.2t in holdings over the year.①

① 'Other' regions include Australia, South Africa, Turkey, Saudi Arabia and the United Arab Emirates.

## (II) Bar and coin (see Figure 5.5)

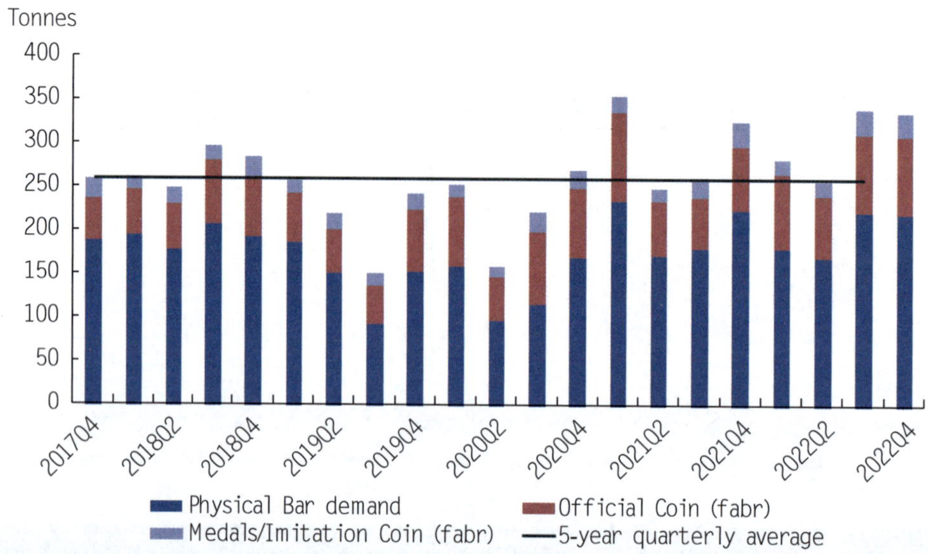


Figure 5.5 Average annual bar and coin investment Q4 2017-Q3 2022

(Source: Metals Focus, World Gold Council)

(Note:Data to 31 December 2022.Bar and coin retail investment was buoyed in H2 by rising inflation)

### 1. China

Q4 bar and coin demand in China fell 20% y-o-y to 61t, taking the full year total down, due mainly to COVID-related restrictions throughout the year. Annual retail investment was 18% below its 10-year average of 269t and was more in line with the 199t of 2020.

Nevertheless, underlying investor interest in gold during 2022 remained high. The Baidu search index for 'gold bar' was higher on average than in 2021,[①] as geopolitical risks kept gold investment products on investors' radars. And a PBOC quarterly survey showed a record level of intention to save among Chinese households, some of which will likely be channelled into gold.

Looking ahead to the rest of 2023, we expect a rebound in Chinese bar and coin demand, supported by economic recovery as the country opens up, as well as continued efforts by

① https:\index.baidu.com\v2\main\index.html.

commercial banks to promote physical gold products. Gold's safe-haven appeal will also continue to attract investors, given their record tendency to save.

### 2. India

Annual bar and coin demand in India was 7% lower at 174t. The yearly drop was due to a 28% y-o-y decline in Q4; albeit that demand was a healthy 56t during the quarter, levels failed to match the extremely strong performance of Q4 2021.

Bar and coin demand was healthy at the start of the fourth quarter during the Dussehra and Dhanteras festivals.① However, the onset of the wedding season saw attention turn towards gold jewellery – particularly as retailers preferred to promote higher-margin products – and investment demand took a back seat. Many investors also preferred to sit out after missing the swift jump in the gold price in November. Discussions with the trade revealed that buying was concentrated on lower-ticket items (e.g. 20g and below), which suggests a focus on gifting demand.

Looking ahead in 2023, Indian bar and coin demand currently faces headwinds from the strong domestic gold price and rising equity market, while lower inflation could diminish gold's role as an inflation hedge. However, a revival in rural demand may provide support to bar and coin demand in the coming year.

### 3. Middle East and Turkey

Annual gold investment in Turkey rose by 38% to 85t – the third highest year in our data set. The full-year total was boosted by a more than sevenfold y-o-y increase in Q4 demand to 29t. Although the large rise was from a relatively low base in 2021, the quarterly total was strong in absolute terms – significantly above the 17t five-year quarterly average.

Extreme domestic inflation continued to drive investment demand, with real interest rates in deeply negative territory. Demand was particularly strong in October before tailing off slightly in November and December as surging domestic gold prices capped demand.

Bar and coin demand across the Middle East region rose 42% in 2022 to a four-year high of

① Dussehra is a festival celebrated at the end of Navratri each year. Navratri is an annual Hindu festival spanning nine nights and is celebrated as a mark of victory of good over evil. Dussehra was celebrated on 5 October 2022. Dhanteras is the first day that marks the festival of Diwali. Dhanteras was celebrated on 22 and 23 October 2022.

78t. A fifth consecutive quarter of substantial double-digit gains in the region was largely the result of strong Q4 performances from Iran and Egypt.

In Iran, rampant inflation and the need for safe-haven assets encouraged gold demand, lifting Q4 demand to 10t (+33% y-o-y). Nevertheless, demand was restrained by new regulations imposing weight and volume limits on each gold transaction.

In Egypt, a (planned) depreciation of the pound in late October – following a previous depreciation in March – encouraged demand for a safe-haven and inflation hedge. Fourth quarter demand more than doubled y-o-y as a result, taking annual demand 83% higher to 4.4t.

### 4. US and Europe

Western investment demand for physical gold products reached an annual record in 2022. Combined US and European purchases of gold bars and coins hit 427t, exceeding the previous record of 416t in 2011.

Retail investors in the US bought 113t of gold in 2022 – the third highest annual total in that market after 2021 and 2009. The 3% y-o-y decline was reflective of 2021 record demand rather than any real weakness in demand during the year. Fourth quarter demand of 28t was in line with the average quarterly pace of buying since the start of 2021.

US investment demand appeared by year-end to have settled into a more measured pace from its previous more frenzied buying, and selling back reportedly remains limited. This, combined with improved supply, has allowed premiums to ease.

Annual retail investment in Europe breached 300t for only the second time in our data series, increasing 14% y-o-y to 314t. Fourth quarter bar and coin demand jumped 21% y-o-y to 81t, maintaining the pace of the previous three quarters.

High inflation, recessionary concerns (along with implications for equities) and the Russia/Ukraine war continued to underpin purchases, both in Germany and across parts of Eastern Europe, most notably Poland.

Local currency price moves also drove investment flows during the fourth quarter. The relative stability in the euro- and Swiss franc-denominated gold price during November and December encouraged investors to buy in the expectation that local prices would rebound and follow the dollar price higher.

### 5. ASEAN markets

Most of the ASEAN markets we cover in GDT saw retail investment rise in 2022. The only exception was Thailand, where annual bar and coin demand fell marginally to 29t. However, Q4 investment demand in Thailand was robust and rose 8% y-o-y to 10.8t, the highest since Q1'19.

In Vietnam, Q4 retail investment surged by 48% to 9t, leading to healthy full-year demand of 41t, a 32% annual increase. Several factors contributed to this performance, including rising inflation, currency devaluation, bond issuance fraud by a large real estate company and an underperforming equities market. The strength of demand kept premiums elevated at around $500-550/oz.

Elsewhere in South East Asia retail investment demand was also up. Annual bar and coin demand in Indonesia increased by 8% y-o-y to 21t, while Singapore and Malaysia saw growth of 32% and 27% respectively.

### 6. Rest of Asia

Japan saw net selling of bars and coins in 2022, a reflection of the higher local gold price and older generations looking to cash in on their long-term holdings. Selling was concentrated in the first two quarters: Q4 saw net positive investment of 2t, spurred by rising inflation in Japan, which now stands at its highest in 41 years.

In South Korea retail investment slowed as investors preferred to hold cash amid a sluggish economy and depressed investment sentiment. Annual bar and coin demand fell 19% to 17t.

### 7. Australia

Investor appetite for gold remains fairly strong on the back of concerns about global economic malaise, high inflation and the spectre of rising interest rates in an over-leveraged market. While retail investment demand remained lower than its impressive Q1 levels, it was robust at just over 4t. Overall 2022 retail investment demand of just under 20t was down 2% y-o-y.

## (III) Central banks (see Figure 5.6)

**Central bank demand for gold hits 55-year record in 2022.**

★ Central bank demand totalled 1 136t in 2022, the highest level of buying.

★ Geopolitical uncertainty and high inflation were highlighted as key reasons for holding gold.

★ Buying was primarily from emerging market banks.

Two years on from dropping to its lowest level in a decade, central bank demand has rebounded strongly. 2022 saw the second consecutive y-o-y increase in demand from this sector, with net purchases totalling 1 136t. This marked a banner year for central bank buying: 2022 was not only the thirteenth consecutive year of net purchases, but also the second highest level of annual demand on record back to 1950, boosted by +400t demand in both Q3 and Q4.

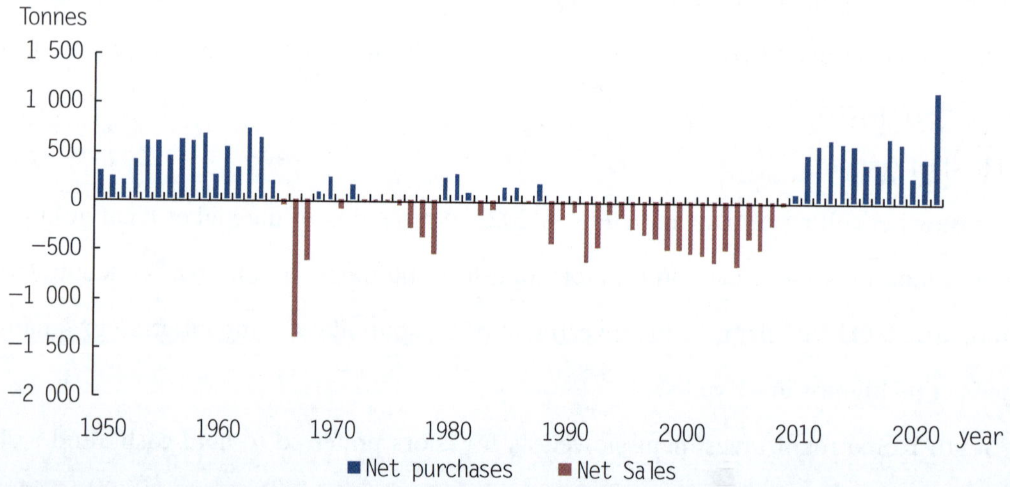


Figure 5.6 Global central bank gold purchases since the 1950s

(Source: Metals Focus, Refinitiv GFMS, World Gold Council)

(Note:Data to 31 December 2022. Central bank buying in 2022 was the highest on record)

Central bank net purchases in Q4 totalled 417t, lifting H2 total buying to 862t. Echoing Q3, data for the final quarter of the year was again a combination of reported purchases and a substantial estimate for unreported buying.[①] Should more information about this unreported

① Country-level gross sales and purchases based on the most recent IMF IFS and respective central bank data available at the time of writing. This may not match the net central bank demand figures published in this report as Metals Focus uses additional sources of information to obtain its estimates.

activity become available, these estimates may be revised.

Gold has been 'en vogue' with central banks since they became net purchasers on an annual basis in 2010. Our most recent annual central bank gold survey highlights two key drivers of central banks' decisions to hold gold: its performance during times of crisis and its role as a long-term store of value. It's hardly surprising then that in a year scarred by geopolitical uncertainty and rampant inflation, central banks opted to continue adding gold to their coffers and at an accelerated pace.

And extending the trend that began in 2010, emerging market central banks accounted for the bulk of last year's reported demand.[①]

China resumes buying in 2022. The most significant announcement of the year came towards its end, when the People's Bank of China (PBoC) reported the first increase in its gold reserves since September 2019. In November and December the PBoC announced total gold purchases of 62t, lifting its total gold reserves to over 2 000t for the first time. However, the Central Bank of Turkey reported the largest buying in 2022. Its official gold reserves swelled by 148t to 542t, the highest level on record.[②]

Regionally, the Middle East was an active buyer of gold during the year. Egypt (47t), Qatar (35t), Iraq (34t), the United Arab Emirates (25t) and Oman (2t) significantly boosted their gold reserves. Central Asia also saw a healthy level of buying. Despite starting the year as a net seller, the Central Bank of Uzbekistan ended the year as a net purchaser of gold, with its gold reserves rising by 34t. The Kyrgyz Republic (6t) and Tajikistan (4t) were also notable purchasers.

The Reserve Bank of India remained a buyer of gold in 2022, adding 33t, 57% lower than 2021 when it purchased 77t. Intervention in the FX market to support the rupee during the year caused a decline in FX reserves of US$70bn, which may have impacted the bank's gold buying. Its

① ibid.

② Turkey official sector gold reserves are the sum of central bank owned gold and Treasury gold holdings. This is equivalent to gross gold reserves less all gold held at the central bank in relation to commercial sector gold policies, such as the Reserve Option Mechanism (ROM), collateral, deposits, and swaps. Please follow this link for information on this methodology: www.gold.org/download/file/16208/Central-bank-stats-methodology-technical-adjustments.pdf.

gold reserves now stand at 787t (8% of total reserves).

Elsewhere, Ecuador (3t), the Czech Republic (1t), and Serbia (1t) were also noteworthy buyers. Ireland was the solitary developed market central bank to increase its gold reserves during the year, with purchases of 3t in Q1.

But while purchases were abundant, the year saw some selling too. The National Bank of Kazakhstan was 2022's largest seller, reducing its gold holdings by 51t to 352t (58% of total reserves). In a statement to Bloomberg, the National Bank of Kazakhstan indicated that it planned more gold sales in 2023, although it had previously stated that sales may be dependent on market conditions. As we have noted in earlier reports, it is not uncommon for central banks who regularly purchase domestic gold production to swing between buying and selling.

Germany registered net sales of 4t as part of its ongoing coin-minting programme, while Sri Lanka (3t), Poland (2t), the Philippines (2t), Mongolia (2t), Bosnia and Herzegovina (1t), Cambodia (1t) and Bhutan (1t) were all sellers of at least one tonne.

Looking ahead, we see little reason to doubt that central banks will remain positive towards gold and continue to be net purchasers in 2023. However, by how much is difficult to call, as evidenced by our expectations at the start of 2022. But it is also reasonable to believe that central bank demand in 2023 may struggle to reach the level it did last year.

## (IV) Technology

**Worsening global economic conditions in Q4, together with trade restrictions and supply chain issues, generated a sharp drop in full-year gold technology demand.**

★ A substantial drop in Q4 compounded Q3 weakness to generate a 7% decline in annual demand for gold in technology.

★ Electronics demand mirrored the 7% annual decline in the broader sector, dropping sharply in Q4 in response to the deteriorating global economic picture and supply chain challenges, particularly in China.

★ Gold used in other industrial applications was flat for the year.

### 1. Electronics

Gold used in the electronics sector fell 18% y-o-y to 58t during Q4. This is the largest quarterly y-o-y fall in the sector since 2009 – a direct consequence of the unprecedented combination of challenges the industry is currently facing. Smartphone shipments provide a relevant snapshot; relative reports suggest y-o-y falls of 17% in Q4 and an 11% decline in annual shipments for 2022.①

Demand for gold slumped in the Light Emitting Diode (LED) sector. Backlight applications were hit particularly hard, not only by waning consumer demand but also by manufacturers slashing orders to reduce already extensive inventories, left bloated by sluggish smartphone sales. PC shipments fell by 28% during the quarter, the sharpest decline recorded in three decades.② This combination of factors reportedly drove capacity utilisation rates down below 70%, the lowest in a decade. Demand for high-end LEDs (e.g. UV-LEDs and IR-LEDs used in healthcare applications like skin sensors and heart-rate-tracking in watches and smartphones) also fell on the back of US import restrictions and a slowing real estate sector, which is dampening demand for high-end household electronics. The only relatively positive area of LED gold demand was in the automotive sector, but it has been reported that mini-LEDs (which do not require gold bonding wire) are becoming more widely qualified by the industry and are likely to become increasingly common in new vehicles.

Gold demand in the wireless sector also experienced a major decline during Q4. Weak smartphone demand and US sanctions against Huawei left device manufacturers with large inventories of power amplifiers, forcing them to adjust their orders down accordingly. This in turn reportedly led to falling utilisation rates at major chip manufacturers such as WIN Semi and TSMC. Other application areas, including uses in low Earth orbit satellites (LEOS)③ and light

---

① www.canalys.com/newsroom/global-smartphone-market-Q4-2022.

② www.gartner.com/en/newsroom/press-releases/2023-01-11-gartner-says-worldwide-pc-shipments-declined-28-percent-in-fourth-quarter-of-2022-and-16-percent-for-the-year.

③ LEO satellites operate in a revolving network relatively close to the earth's surface, and can provide internet coverage in remote locations. They require reliable high-end wireless infrastructure. www.weforum.org/agenda/2022/02/explainer-how-low-earth-orbit-satellite-technology-can-connect-the-unconnected/.

detection and ranging (LIDAR)①, were not as heavily impacted. But as these make up only a small proportion of wireless demand, this relative strength did not offset falls in the consumer electronics segment. However, power amplifier inventory adjustments are forecast to be completed towards the middle of 2023 and the longer term need for high-end wireless chips in various applications will almost certainly spur a recovery in demand.

Gold demand in the memory sector fell further during Q4. The weak PC and smartphone shipments described above weighed on the memory sector and led many device manufacturers to focus on inventory reduction. The ongoing declines in crypto mining – accelerated by the crisis that hit the crypto market during Q4 – also continue to pressure high-end graphics card demand. Major memory chip manufacturers, such as Micron and SK Hynix, reduced output and also delayed the introduction of new technology. And it has even been rumoured that some memory chip manufacturers, such as YMTC, may have to exit the market altogether as a consequence of US sanctions.②

Finally, gold used in Printed Circuit Boards (PCBs) saw heavy declines in China, but small increases elsewhere. capacity utilisation rates remain high and overall supply and demand remains balanced. Additionally, emerging applications in the automotive, aerospace and high-speed computing sectors are likely to support demand and stimulate a recovery during the second half of 2023.

In summary, a period of challenge lies ahead for the electronics industry. In November, the World Semiconductor Trades Statistics group amended its forecasts, the global semiconductor industry would declining 4.1% during 2023 as "inflation rises and end markets [see] weaker demand, especially those exposed to consumer spending"③. Analysts also reduced shipment forecasts for many manufacturers, including Apple, on the back of weak consumer sentiment and

① LIDAR sensors uses lasers to bounce off objects and return to their source, measuring distance by timing the travel, or flight, of the light pulse. They are becoming increasingly common in high-end smartphone applications and will be critical to the development of autonomous vehicles.

② www.theregister.com/2022/12/18/us_blacklist_spells_trouble/.

③ www.wsts.org/76/103/WSTS-Semiconductor-Market-Forecast-Fall-2022.

supply chain issues.[①]

At the aggregate level, three of the four major electronics fabrication hubs around the world recorded significant decreases in gold demand during Q4; Mainland China and Hong Kong SAR, South Korea and Japan recorded figures of 12 (−39%), 6t (−22%) and 17t (-19%) respectively. Demand in the US bucked this trend, recording 4% growth to 16t, benefiting from an expansion in domestic production capacity and the supply chain being free of pandemic disruption throughout 2022.

### 2. Other Industrial and dentistry

Other industrial applications fell by 5% y-o-y to 12t in Q4, almost exclusively as a consequence of the ongoing disruption in China. The small increases reported in Italy recently came to a halt as brands became increasingly cautious. Full-year demand remained flat at 47t.

Dental demand once again fell to a new quarterly low, declining 11% y-o-y to 2t on the back of further structural decline across all major markets. Annual demand fell 9% to 10t.

## IV. Supply

**Total supply increased 2% y-o-y in 2021 as mine supply and recycling both posted modest growth.**

★ Annual mine production increased 1% y-o-y although remains below the record high seen in 2018.

★ 2022 saw the global hedgebook almost unchanged over the year ending at 167t.

★ Full year recycled gold supply increased by 1% but remains 30% below the all-time high seen in 2012, despite a record annual average gold price in 2022.

① www.cnbc.com/2022/12/07/iphone-shipments-for-q1-cut-by-another-3-million-units-morgan-stanley.html.

## (I) Mine production (see Figure 5.7)

Mine production in Q4 2022 fell 1% y-o-y to 930t, the only quarter of 2022 that experienced a y-o-y drop. Annual production totalled 3 612t, up 1% y-o-y. Now that the COVID-19 production disruptions and widespread China safety stoppages of 2021 have reversed, this lack of production growth gives further credence to claims that gold production is close to plateauing.

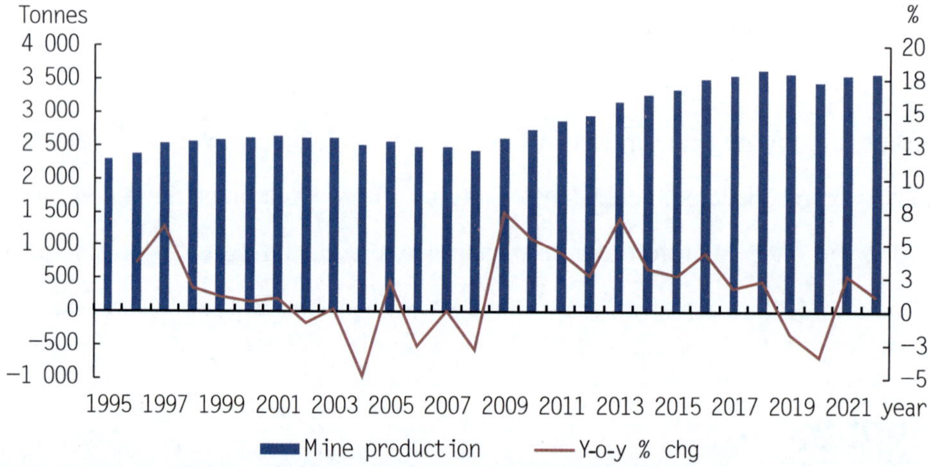


Figure 5.7 Global Gold Mine Production from 1995 to 2022

(Sources: Metals Focus, Refinitiv GFMS, World Gold Council)

(Note:Data to 31 December 2022. Mine production grew 1% in 2022 but remained below peak)

China's mine production increased by 42 tonnes in 2022 (up 13% y-o-y), bringing total production to over 370t.This recovery offset production declines in South Africa, down 11t (10%) to 103t, due to strike action and national electrical supply issues; the US, where lower grades and operational issues saw mine production 11t (6%) lower at 175t; and in Russia, where production fell 27t (8%) to 304t mostly due to issues related to the country's invasion of Ukraine.

Regionally, Asian production saw the largest increase in 2022, up 11t y-o-y, driven by the recovery in China's output, while mine production fell 10t y-o-y in the CIS and by 9t y-o-y in Central and South America.

Grades and operational issues dominated in Q4. China reported a 9% increase in mine production in Q4 2022 although this will be the last time that recovery from safety stoppages will drive y-o-y improvements. We expect Chinese production to resume its trend of gentle decline over the next few years as tightening environmental enforcement closes some smaller operations. Mauritania saw Q4 output more than quadruple y-o-y after a fire halted production at the Tasiast mine in the second half of 2021. In Ghana, Q4 mine output increased by 12% y-o-y as the Obuasi mine ramped up and production restarted at Bibiani, while Mali saw an 11% y-o-y increase due to higher grades at the Fekola mine.

Fourth quarter mine production declines were reported from a number of countries. In Mexico, production fell 10% y-o-y due to lower grades at several mines, including Peñasquito and Los Filos. Lower grades at Sanbrado and Essakane in Burkina Faso, along with security-related stoppages at Taparko saw Q4 2022 mine production fall 11% y-o-y. Colombia reported a 27% y-o-y decline in the fourth quarter but this appears related to a surge in artisanal and small-scale output in Q4 2021, which was not repeated this year. In Russia, mine production fell 10% y-o-y in Q4 2022. Lower grades at Olimpiada and Blagodatnoye contributed to this decline but sanctions also played a role in lower mine production. Operators, particularly smaller companies, are reportedly struggling to source reagents, spare parts and other consumables, all of which is affecting production.① We have also heard reports that new mine construction is being slowed by import restrictions, although we note that information flow from Russia is being hindered by the war in Ukraine.

Seven new mine start-ups, with a combined annual production capacity of about 15t per annum, have recently begun production. Although this will be supplemented by output from private and smaller mines it is almost inconsequential compared to current mine output. But more operations are likely to be commissioned and expanded in 2023, and this should be sufficient to more than offset the combined impact of an expected small decline in Chinese output and the effect of sanctions on Russia.

① Reagents are key chemicals used in mineral processing.

Gold mining costs continued to increase in Q3 2022, the latest available data.① The average All-In Sustaining Cost (AISC) hit US$1 289/oz in the third quarter, another record high and up 14% y-o-y. General inflation increased mining costs in all areas with fuel, energy, labour and consumables all up y-o-y, although this was slightly offset by higher average recovered grades, which increased by 2% y-o-y. Gold producer margins remained under pressure in Q4 2022 although a late-in-the-quarter rally in the gold price returned the 90th percentile AISC producer margins to positive levels, we estimate.

## (II) Net producer hedging

The global delta-adjusted producer hedge book was virtually unchanged (–2t) in 2022. We currently estimate that further, modest de-hedging of 5t took place during the fourth quarter, resulting in H2 net de-hedging almost balancing the net hedging seen in H1. Although it's possible that higher local currency gold prices prompted some late-in-the-year hedging, we will only be able to confirm after the release of companies' Q4 2022 results.

## (III) Recycled gold

A year of two halves. Recycling trends in 2022 painted a mixed picture. Following a jump in the gold price in the first half of the year recycling volumes increased by 6% y-o-y, but as gold declined in H2 2022 recycling volumes slipped 4% y-o-y. For the year as a whole, recycling volumes of 1 144t were 1% higher y-o-y (see Figure 5.8).

Compared to the previous quarter, Q4 recycling supply increased 8% to 292t despite an essentially flat average gold price – US$1 725.85/oz compared to US$1 728.91/oz in Q3 2022. The main reason for the q-o-q rise was an increase in Indian recycling activities.

It is notable that full year recycled gold supply was 30% lower than the record high set

① https://www.gold.org/goldhub/data/aisc-gold.

in 2009, despite 2022's record average gold price. We believe there are two major reasons for lower recycling supply last year. Firstly, there were very few references to distress-selling of old jewellery, a sharp contrast to the situation during the Global Financial Crisis and Eurozone Crisis. Extensive fiscal support for consumers and businesses during the pandemic has protected employment while energy subsidies in Europe following the Russian invasion of Ukraine have helped insulate the public from surging energy prices. Secondly, we believe that the build-up of old/broken/unwanted jewellery by consumers has been limited, as it is only a decade since gold prices reached their last all-time high.

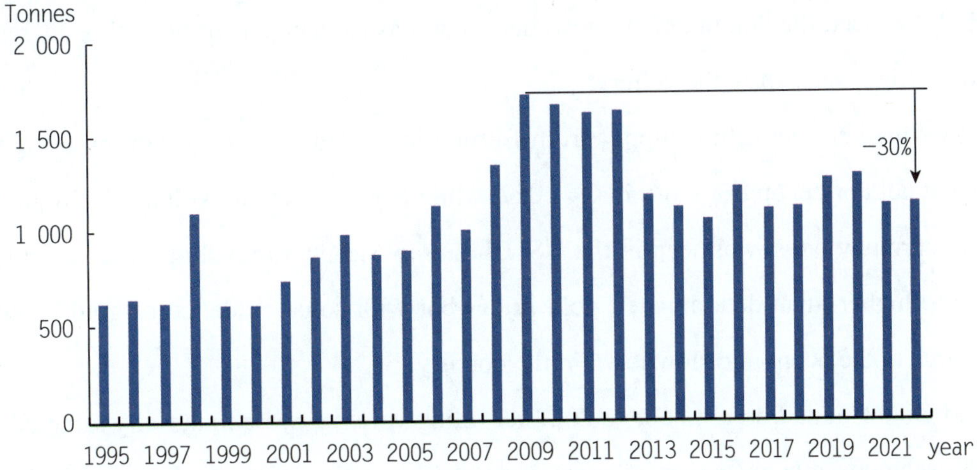


Figure 5.8 Global Gold Recycling Volume 1995–2022

(Sources: Metals Focus, Refinitiv GFMS, World Gold Council)

(Note:Data to 31 December 2022. Recycling increased 1% in 2022 but is 30% below all-time highs)

Declines in recycling supply from the Middle East were notable in Q4 2022. Without the fall from this region, down more than 30% y-o-y and nearly 8% q-o-q, global recycling supply would have increased much more. Two factors drove weaker Middle Eastern recycling supply: firstly, political and economic concerns in Iran, Turkey and Egypt, where a mixture of high inflation, currency weakness (actual or anticipated) and political unrest combined to increase the attraction of hanging onto gold. Secondly, higher hydrocarbon prices saw fortunes improved across much of the region, with Iraq a named standout. One theme common to countries in the region – many of which have currencies pegged to the US dollar – is that recycling supply increased after the US dollar gold price started to recover at the beginning of November.

India was another stand-out recycling market during the quarter, with sharp increases in recycling supply. The South Asian region – where India is by far the biggest market – saw recycling supply up nearly 40% y-o-y and about 60% q-o-q. This surge in volume is explained mainly by the increase in the average rupee-denominated gold price, which was up 3% q-o-q and ended December near the highs of the year and 10% above the Q4 low. This had two effects: firstly, it suppressed jewellery demand at a normally soft period of the year. Secondly, it substantially reduced the amount of old jewellery that was exchanged for new, thus increasing the amount of outright sales of old jewellery.

In other markets, recycling supply from Europe increased, largely driven by a higher euro-denominated gold price, up 8% y-o-y in Q4 2022, while North American volumes were lower y-o-y as no local currency boost was seen in the US. China saw stronger recycling volumes in Q4 2022, partly due to higher yuan-denominated gold prices but with some evidence of gold being sold to raise cash due to the economic slowdown in the country.

World Gold Council do not believe 2022 recycling volumes were materially affected by lock-downs, with the possible exception of some parts of China. Now that rapid economic recovery in China will be interesting to track recycling volumes in this important gold consuming market.

Barring a sharp rise in the gold price in 2023 we believe recycling supply could decline modestly over the year. For more details, please see the Outlook section.

# 附　录
# Appendix

**表1　2012—2022年全球黄金需求情况**　单位：吨

**Table 1　2012–2022 Global Gold Demand**　Unit: mt

| 类别<br>Item | 2012 | 2013 | 2014 | 2015 | 2016 | 2017 | 2018 | 2019 | 2020 | 2021 | 2022 | 年同比变化<br>YoY change |
|---|---|---|---|---|---|---|---|---|---|---|---|---|
| **金饰制造<br>Jewellery fabrication** | **2 140.87** | **2 735.30** | **2 544.38** | **2 479.24** | **2 018.77** | **2 257.47** | **2 290.02** | **2 152.08** | **1 323.96** | **2 230.64** | **2 189.76** | **−1.83%** |
| 金饰消费<br>Jewellery consumption | 2157.20 | 2 727.97 | 2 534.22 | 2 460.84 | 2 105.23 | 2 242.01 | 2 250.22 | 2 126.72 | 1 397.99 | 2 147.74 | 2 086.17 | −2.87% |
| 金饰库存<br>Jewellery inventory | −16.34 | 7.32 | 10.16 | 18.40 | −86.46 | 15.46 | 39.80 | 25.36 | −74.02 | 82.90 | 103.59 | 24.96% |
| **科技<br>Technology** | **382.27** | **355.77** | **348.39** | **331.67** | **322.99** | **332.58** | **334.79** | **325.96** | **302.76** | **330.19** | **308.52** | **−6.56%** |
| 电子用金<br>Electronics | 289.13 | 279.24 | 277.53 | 262.14 | 255.61 | 265.58 | 268.36 | 262.26 | 249.33 | 272.08 | 251.70 | −7.49% |
| 其他行业<br>Other Industrial | 64.73 | 53.68 | 51.22 | 50.97 | 49.75 | 50.66 | 51.16 | 49.78 | 41.57 | 46.76 | 46.55 | −0.45% |
| 牙科<br>Dentistry | 28.42 | 22.85 | 19.63 | 18.56 | 17.63 | 16.34 | 15.27 | 13.93 | 11.86 | 11.35 | 10.28 | −9.47% |
| **投资<br>Investment** | **1 621.01** | **797.70** | **900.72** | **966.98** | **1 614.22** | **1 315.01** | **1 164.00** | **1 271.06** | **1 796.26** | **1 001.88** | **1 106.75** | **10.47%** |
| 金条和金币总需求量<br>Total bar and coin demand | 1 322.35 | 1 729.71 | 1 066.65 | 1 090.72 | 1 072.88 | 1 044.06 | 1 090.45 | 870.87 | 903.83 | 1 190.88 | 1 217.12 | 2.20% |
| 实物金条需求量<br>Physical Bar demand | 1 023.20 | 1 357.38 | 780.54 | 790.39 | 797.36 | 779.85 | 775.59 | 583.45 | 541.84 | 810.81 | 790.92 | −2.45% |
| 官方金币量<br>Official Coin | 187.47 | 270.89 | 205.46 | 224.34 | 207.87 | 188.12 | 241.88 | 220.65 | 292.87 | 295.24 | 334.82 | 13.41% |
| 奖牌/仿制金币<br>Medals/Imitation Coin | 111.68 | 101.44 | 80.64 | 75.98 | 67.65 | 76.09 | 72.98 | 66.77 | 69.12 | 84.83 | 91.38 | 7.71% |
| 黄金ETFs及类似产品<br>ETFs & similar products | 298.66 | −932.01 | −165.93 | −123.74 | 541.34 | 270.95 | 73.55 | 400.19 | 892.43 | −189.01 | −110.36 | −41.61% |
| **各国央行及其他机构<br>Central banks & other inst.** | **569.18** | **629.45** | **601.13** | **579.55** | **394.86** | **378.56** | **656.23** | **605.41** | **254.94** | **450.11** | **1 135.69** | **152.31%** |
| **黄金需求量<br>Gold demand** | **4 793.55** | **4 561.75** | **4 384.46** | **4 339.05** | **4 437.30** | **4 268.16** | **4 405.24** | **4 329.16** | **3 751.95** | **3 929.92** | **4 637.13** | **18.00%** |
| **LBMA黄金定价（美元/盎司）<br>LBMA Gold Price,（US $ /oz）** | **1 668.98** | **1 411.23** | **1 266.40** | **1 160.06** | **1 250.80** | **1 257.15** | **1 268.49** | **1 392.60** | **1 769.59** | **1 798.61** | **1 800.09** | **0.08%** |

资料来源：金属聚焦；Refinitiv GFMS；洲际交易所基准管理机构；世界黄金协会。

注：金饰制造=金饰消费+金饰库存

科技用金需求=电子用金+其他行业+牙科

投资=金条和金币需求总量+黄金ETF及类似产品

金条和金币总需求量=实物金条需求量+官方金币量+奖牌/仿制金币

Source: Metals Focus, Refinitiv GFMS, ICE Benchmark Administration, World Gold Council.

Note: Jewellery fabrication=Jewellery consumption + inventory

Technology=Electronics+Other Industrial+Dentistry

Investment=Total bar and coin demand+ETFs & similar products

Total bar and coin demand=Physical Bar demand+Official coins+Medals/Imitation Coin

**表2 2012—2022年世界黄金供给情况**

**TTable 2 2012-2022 Global Gold Supply**

单位：吨

Unit: mt

| 类别<br>Item | 2012 | 2013 | 2014 | 2015 | 2016 | 2017 | 2018 | 2019 | 2020 | 2021 | 2022 | 年同比变化<br>YoY change |
|---|---|---|---|---|---|---|---|---|---|---|---|---|
| 供应量<br>Supply | | | | | | | | | | | | |
| 金矿产量<br>Mine production | 2 957.20 | 3 166.77 | 3 270.50 | 3 361.31 | 3 509.56 | 3 573.14 | 3 655.28 | 3 594.53 | 3 472.40 | 3 568.92 | 3 611.90 | 1.20% |
| 生产商净对冲额<br>Net producer hedging | −45.32 | −27.94 | 104.91 | 12.89 | 37.63 | −25.52 | −11.64 | 6.16 | −39.07 | −22.65 | −1.50 | −93.37% |
| 回收金量<br>Recycled gold | 1 636.76 | 1 195.31 | 1 129.59 | 1 067.07 | 1 232.14 | 1 112.39 | 1 131.70 | 1 275.66 | 1 293.06 | 1 136.16 | 1 144.11 | 0.70% |
| 总供应量<br>Total supply | 4 548.65 | 4 334.14 | 4 504.99 | 4 441.28 | 4 779.34 | 4 660.01 | 4 775.34 | 4 876.34 | 4 726.38 | 4 682.43 | 4 754.51 | 1.54% |
| 需求量<br>Demand | | | | | | | | | | | | |
| 加工量<br>Fabrication | | | | | | | | | | | | |
| 金饰制造<br>Jewellery fabrication | 2 140.87 | 2 735.30 | 2 544.38 | 2 479.24 | 2 018.77 | 2 257.47 | 2 290.02 | 2 152.08 | 1 323.96 | 2 230.64 | 2 189.76 | −1.83% |
| 科技<br>Technology | 382.27 | 355.77 | 348.39 | 331.67 | 322.99 | 332.58 | 334.79 | 325.96 | 302.76 | 330.19 | 308.52 | −6.56% |
| 加工量小计<br>Sub-total above fabrication | 2 523.14 | 3 091.06 | 2 892.77 | 2 810.91 | 2 341.76 | 2 590.06 | 2 624.81 | 2 478.04 | 1 626.72 | 2 560.83 | 2 498.28 | −2.44% |
| 金条和金币总需求量<br>Total bar & coin demand | 1 311.00 | 1 722.11 | 1 066.65 | 1 090.72 | 1 072.88 | 1 044.06 | 1 090.45 | 870.87 | 903.83 | 1 190.88 | 1 217.12 | 2.20% |
| 黄金ETFs及类似产品<br>ETFs & similar products | 298.66 | −932.01 | −165.93 | −123.74 | 541.34 | 270.95 | 73.55 | 400.19 | 892.43 | −189.01 | −110.36 | −41.61% |
| 各国央行和其他机构①<br>Central bank & other inst.① | 582.19 | 653.08 | 601.13 | 579.55 | 394.86 | 378.56 | 656.23 | 605.41 | 254.94 | 450.11 | 1 135.69 | 152.31% |
| 黄金需求（加工量）<br>Gold demand | 4 769.35 | 4 558.24 | 4 394.62 | 4 357.45 | 4 350.85 | 4 283.62 | 4 445.04 | 4 354.51 | 3 677.93 | 4 012.82 | 4 740.73 | 18.14% |
| 供需缺口<br>Surplus/Deficit | −220.70 | −224.10 | 110.37 | 83.83 | 428.49 | 376.39 | 330.30 | 521.83 | 1 048.45 | 669.61 | 13.78 | −97.94% |
| LBMA黄金价格（美元/盎司）<br>LBMA Gold Price (US$/oz) | 1 668.98 | 1 411.23 | 1 266.40 | 1 160.06 | 1 250.80 | 1 257.15 | 1 268.49 | 1 392.60 | 1 769.59 | 1 798.61 | 1 800.09 | 0.08% |

资料来源：金属聚焦，Refinitiv GFMS，洲际交易所基准管理机构，世界黄金协会。

注：① 不包括中央银行期权的任何Delta中性套期保值。

Source: Metals Focus, Refinitiv GFMS, ICE Benchmark Administration, World Gold Council.

Note: ① Excluding any delta hedging of central bank options.

表3 2022年末黄金ETF持有量前十排名

Table 3 Top Holders of Gold-Backed ETFs by End of 2022

单位：吨

Unit: mt

| 排名<br>Rank | 基金<br>ETF | 国家<br>Country | 截至2021年12月底的持有量<br>Holdings as of 2021 | 截至2022年12月底的持有量<br>Holdings as of 2022 | 年同比变化<br>YoY change |
|---|---|---|---|---|---|
| 1 | SPDR Gold Shares | 美国<br>US | 975.34 | 917.34 | −5.9% |
| 2 | iShares Gold Trust | 美国<br>US | 490.84 | 448.72 | −8.6% |
| 3 | Invesco Physical Gold ETC | 英国<br>UK | 243.09 | 251.93 | 3.6% |
| 4 | iShares Physical Gold ETC | 英国<br>UK | 219.91 | 233.15 | 6.0% |
| 5 | Xetra-Gold | 德国<br>Germany | 237.55 | 231.03 | −2.7% |
| 6 | Sprott Physical Gold Trust | 美国<br>US | 85.04 | 97.98 | 15.2% |
| 7 | SPDR Gold MiniShares Trust | 美国<br>US | 74.43 | 88.39 | 18.8% |
| 8 | WisdomTree Physical Gold | 英国<br>UK | 95.57 | 81.31 | −14.9% |
| 9 | Amundi Physical Gold ETC | 法国<br>France | 68.21 | 71.52 | 4.9% |
| 10 | ZKB Gold ETF | 瑞士<br>Switzerland | 71.25 | 71.15 | −0.1% |
| | 全球总量<br>Global Total | | 3 582.90 | 3 472.53 | -3.1% |

资料来源：各ETP提供商，彭博，洲际交易所基准管理机构，世界黄金协会。

Source：ETP providers；Bloomberg；ICE Benchmark Administration；World Gold Council.

表4　2022年末部分国家和地区或国际组织黄金储备情况

Table 4　National and Regional Gold Reserves by End of 2022

| 序号 No. | 国家和地区或国际组织 Country、Region/ Organization | 公吨 Metric Tons | 占总外汇储备比例 percentage of Total Foreign Exchange Reserve | 序号 No. | 国家和地区或国际组织 Country、Region/ Organization | 公吨 Metric Tons | 占总外汇储备比例 percentage of Total Foreign Exchange Reserve |
|---|---|---|---|---|---|---|---|
| 1 | 美国 United States | 8 133.5 | 67% | 21 | 西班牙 Spain | 281.6 | 18% |
| 2 | 德国 Germany | 3 355.1 | 67% | 22 | 奥地利 Austria | 280.0 | 49% |
| 3 | 国际货币基金组织 IMF | 2 814.0 | — | 23 | 泰国 Thailand | 244.2 | 7% |
| 4 | 意大利 Italy | 2 451.8 | 64% | 24 | 波兰 Poland | 228.7 | 8% |
| 5 | 法国 France | 2 436.8 | 59% | 25 | 比利时 Belgium | 227.4 | 32% |
| 6 | 俄罗斯 Russian Federation | 2 298.5 | 21% | 26 | 阿尔及利亚 Algeria | 173.6 | 14% |
| 7 | 中国 China | 2 010.5 | 4% | 27 | 委内瑞拉 Venezuela | 161.2 | 83% |
| 8 | 瑞士 Switzerland | 1 040.0 | 7% | 28 | 菲律宾 Philippines | 157.1 | 10% |
| 9 | 日本 Japan | 846.0 | 4% | 29 | 新加坡 Singapore | 153.7 | 3% |
| 10 | 印度 India | 787.4 | 8% | 30 | 伊拉克 Iraq | 130.3 | 9% |
| 11 | 荷兰 Netherlands | 612.5 | 56% | 31 | 巴西 Brazil | 129.7 | 2% |
| 12 | 土耳其 Turkey | 541.8 | 28% | 32 | 瑞典 Sweden | 125.7 | 11% |
| 13 | 欧洲央行 ECB | 504.8 | 37% | 33 | 埃及 Egypt | 125.5 | 23% |
| 14 | 中国台湾 Taiwan,China | 423.6 | 4% | 34 | 南非 South Africa | 125.4 | 12% |
| 15 | 乌兹别克斯坦 Uzbekistan | 395.9 | 62% | 35 | 墨西哥 Mexico | 120.0 | 3% |
| 16 | 葡萄牙 Portugal | 382.6 | 69% | 36 | 利比亚 Libya | 116.6 | 8% |
| 17 | 哈萨克斯坦 Kazakhstan | 351.7 | 58% | 37 | 希腊 Greece | 114.2 | 55% |

续表 (continued)

| 序号 No. | 国家（地区）和机构 Country、Region/ Organization | 公吨 Metric Tons | 占总外汇储备比例 percentage of Total Foreign Exchange Reserve | 序号 No. | 国家（地区）和机构 Country、Region/ Organization | 公吨 Metric Tons | 占总外汇储备比例 percentage of Total Foreign Exchange Reserve |
|---|---|---|---|---|---|---|---|
| 18 | 沙特阿拉伯 Saudi Arabia | 323.1 | 4% | 38 | 韩国 South Korea | 104.4 | 1% |
| 19 | 英国 United Kingdom | 310.3 | 23% | 39 | 罗马尼亚 Romania | 103.6 | 11% |
| 20 | 黎巴嫩 Lebanon | 286.8 | 51% | 40 | 国际清算银行 BIS | 102.0 | — |

资料来源：国际货币基金组织，IMF IFS，世界黄金协会。
Source: IMF IFS, World Gold Council.

## 表5　2012—2022年黄金年度平均价格
## Table 5　2012–2022 Annual Average Gold Price

| 计价单位 Unit | 2012 | 2013 | 2014 | 2015 | 2016 | 2017 | 2018 | 2019 | 2020 | 2021 | 2022 | 2022年同比变化 Change YoY in 2022 |
|---|---|---|---|---|---|---|---|---|---|---|---|---|
| 美元/盎司 USD/oz | 1 668.98 | 1 411.23 | 1 266.40 | 1 160.06 | 1 250.80 | 1 257.15 | 1 268.49 | 1 392.60 | 1 769.59 | 1 798.61 | 1 800.09 | 0.08% |
| 欧元/盎司 EUR/oz | 1 298.72 | 1 063.77 | 952.83 | 1 045.30 | 1 129.45 | 1 114.06 | 1 073.70 | 1 244.88 | 1 549.04 | 1 520.62 | 1 710.02 | 12.46% |
| 英镑/盎司 GBP/oz | 1 052.98 | 903.81 | 768.15 | 758.98 | 927.34 | 976.06 | 949.61 | 1 092.93 | 1 378.98 | 1 307.53 | 1 457.57 | 11.47% |
| 瑞士法郎/千克 CHF/kg | 50 323.67 | 42 090.26 | 37 205.89 | 35 863.23 | 39 575.50 | 39 771.87 | 39 882.13 | 44 476.98 | 53 307.74 | 52 849.74 | 55 241.61 | 4.53% |
| 日元/克 JPY/g | 4 278.17 | 4 410.41 | 4 297.45 | 4 513.80 | 4 353.50 | 4 531.70 | 4 502.20 | 4 876.84 | 6 069.59 | 6 348.18 | 7 588.06 | 19.53% |
| 卢比/10克 INR/10g | 28 639.38 | 26 440.16 | 24 835.06 | 23 903.21 | 27 013.53 | 26 319.75 | 27 861.26 | 31 542.49 | 42 181.73 | 42 750.13 | 45 437.49 | 6.29% |
| 人民币/克 CNY/g | 338.53 | 279.19 | 250.85 | 234.23 | 267.05 | 273.11 | 269.41 | 309.75 | 392.42 | 372.97 | 388.92 | 4.28% |
| 里拉/克 YTL/g | 96.57 | 85.99 | 88.98 | 101.35 | 121.29 | 147.34 | 196.24 | 254.27 | 402.09 | 513.69 | 955.70 | 86.05% |

资料来源：洲际交易所，Refinitiv Datastream，世界黄金协会。
Source: ICE Benchmark Administration, Refinitiv Datastream, World Gold Council.